Wolfgang Wegert

Das Gesetz der Freiheit
Eine Auslegung der Zehn Gebote

W0234181

arche-medien Hamburg

Die Deutsche Bibliothek – CIP-Einheitsaufnahme

Wegert, Wolfgang:
Das Gesetz der Freiheit : eine Auslegung der Zehn Gebote /
Wolfgang Wegert. – Hamburg : Arche-Medien, 2001
   ISBN 3-934936-01-6

Die Bibelstellen sind, wenn nicht anders angegeben, der Revidierten Elberfelder Übersetzung entnommen. „LÜ '84" kennzeichnet die Lutherübersetzung von 1984; „Hfa" die Übersetzung „Hoffnung für alle" und „Sch" die Schlachterübersetzung.

© 2001 arche-medien Hamburg
Satz: Titus Vogt, Hamburg
Umschlag: BoD Verlagsservice, Hamburg
Druck: ARKA, Cieszyn (Polen)
ISBN: 3-934936-01-6

arche-medien
– Verlag des Gemeinde und Missionswerkes ARCHE –
Doerriesweg 7
22525 Hamburg
☎ (0 40) 54 70 50
🖶 (0 40) 54 70 52 99
www.arche-gemeinde.de
info@arche-gemeinde.de

Inhaltsverzeichnis

Vorwort

Leben wir seit den Tagen des Neuen Testamentes denn nicht aus der Gnade? Wozu brauchen wir dann noch das Gesetz? Christus ist doch des Gesetzes Ende? Und ist nicht die Liebe das neue Gebot, das völlig ausreicht? Solche und ähnliche Fragen bewegen viele Menschen. Viele halten die Gebote Gottes für zu eng und zu hart; aber sie wissen nicht, daß gerade das Neue Testament sie als *„vollkommenes **Gesetz der Freiheit**" (Jakobus 1,25)* bezeichnet. Es will uns den Weg in die Freiheit zu einem gelingenden und erfüllten Leben weisen. Jawohl, es ist ein Gesetz zum Leben.

Es wäre auch eines zum ewigen Leben, wenn wir es völlig halten könnten. Denn dann wären wir gerecht, wie Gott auch gerecht ist. Aber aufgrund unserer gefallenen Natur können wir Seine Gebote nicht halten. Darin besteht unser größtes menschliches Elend. Aber Preis sei Gott, Er kam uns in Jesus Christus zur Hilfe! Aber nicht dadurch, daß Er das Gesetz abschaffte und durch irgend etwas Leichteres ersetzte, sondern dadurch, daß Er uns aus Gnade eine erneuerte Natur schenkt, durch die wir die Fähigkeit empfangen, auch Täter Seiner Gebote zu werden. Gewiß versagen auch Christen, aber durch den Heiligen Geist, der in ihnen wohnt, wachsen sie immer mehr in den Willen Gottes hinein, bis sie für immer vollendet sind.

Ich wünsche den Lesern nicht nur, daß ihnen diese Lektüre einen tieferen Einblick in das ewig gültige Gesetz Gottes verleihen möge, sondern auch, daß sie eine Wiedergeburt empfangen, damit sie nie mehr am Gesetz verzweifeln. Denn in Jesus Christus ist für jede Übertretung Vergebung da und die Kraft des Heiligen Geistes, damit auch in Ihnen Freude und *„Lust am Gesetz des HERRN" (Psalm 1,2)* entsteht und Sie zu einem glücklichen Leben für Zeit und Ewigkeit gelangen.

Die Texte sind Predigten, die ich im Gemeinde- und Missionszentrum der ARCHE gehalten habe und die teilweise über Rundfunk und Fernsehen international ausgestrahlt wurden. Nun hoffe ich, daß auch die Buchform zum Segen für viele wird. Manche Darlegungen wiederholen sich in der einen oder anderen Predigt. Lassen Sie sich dadurch bitte nicht stören. Denn oft ist es gut, eine biblische Wahrheit nicht nur einmal, sondern mehrfach aufzunehmen. Dann prägt sie sich richtig in Herz und Gedanken ein, so daß wir sie im Alltag immer parat haben und sie ausleben können. Das wünsche ich Ihnen von Herzen.

Ihr Wolfgang Wegert

Hamburg, im Januar 2001

Um den Charakter der jeweiligen Predigten und Aufsätze nicht zu stark zu verändern, ist die Anrede („du", „Ihr", „Sie") nach dem Original beibehalten worden.

Geleitwort

Zwei Dinge sind es meines Erachtens, die Christen die Gebote Gottes und eine überzeugend vertretene christliche Ethik oft verleiden.

Zum einen ist da die schon von den Pharisäern erprobte Methode, Gottes Ordnungen durch so viele zusätzliche Gebote und Traditionen zu überfrachten, daß man den Eindruck bekommt, es sei fast alles verboten. Jesus sagt aber, daß Seine Gebote leicht und befreiend sind! „Weg von menschlichen Geboten, hin zu göttlichen Geboten!", heißt die Parole des vorliegenden Buches.

Zum anderen sind die Gebote Gottes vom Heiligen Geist abgekoppelt worden. Entweder lebt man – so sagen viele – in der Freiheit des Geistes oder aber in der Gefangenschaft von Geboten. Natürlich ist das Gesetz ohne den Heiligen Geist tödlich; aber wenn der Heilige Geist wirkt und Freiheit schenkt, wird Er Gottes Willen in uns verwirklichen wollen. Denn diesen Willen Gottes hat der Heilige Geist als Autor der Heiligen Schrift. Gottes Gebote kommen von Gottes Geist!

Biblische Lehren dürfen nicht gegeneinander ausgespielt werden, sondern müssen gemeinsam ein vollständiges Bild ergeben. Ich kenne kaum jemand, der das so konsequent lehrt und lebt wie Wolfgang Wegert. Dabei spricht er in einer lebendigen und für jedermann verständlichen Art; denn wenn Gottes Wort unser Leben prägen soll, muß man es natürlich verstehen können! Der erfahrene Pastor, Seelsorger und Evangelist Wegert weiß und lebt das.

Die reformatorische Wahrheit über die Aufgabe des Gesetzes und die Errettung allein aus Gnade ist biblisch. Die Botschaft der Erweckungsbewegungen, daß nur der Heilige Geist uns verändern kann und wir ein neues Wirken des Geistes brauchen, ist biblisch. Aber beide gehören zusammen. Nur zusammen bilden sie jenen Sprengstoff der christlichen Ethik, der schon oft in der Kirchengeschichte die Welt auf den Kopf gestellt hat. Ich wünsche diesem Buch von Herzen, daß es dazu beiträgt!

Dr. Thomas Schirrmacher

(Lehrstuhl für Ethik am Martin Bucer Seminar / Whitefield Theological Seminary, Autor einer dreibändigen „Ethik"[1])

---

[1] RVB: Hamburg und VTR: Nürnberg, 2001, 2. Auflage; vgl. die Rezension auf S. 157 unter Buchhinweise

Vorbemerkung zur Zählung der Zehn Gebote[2]

Im biblischen Text finden wir keinen Hinweis darauf, wie die Gebote numeriert werden sollen oder wie sie auf die beiden Tafeln verteilt waren. Nach einer Tradition, die z.b. der Heidelberger Katechismus zugrunde legt, standen vier Gebote auf der ersten und sechs auf der zweiten Tafel.

Es gibt verschiedene Möglichkeiten, die Gebote zu zählen. Eine Möglichkeit ist, die Präambel – *„Ich bin Jahwe [der HERR], dein Gott ..."* (2. Mose 20,2) – und die nachfolgende erste Anweisung – *„Du sollst keine anderen Götter haben neben mir"* (2. Mose 20,3) – als das erste Gebot zu verstehen. Das Bilderverbot – *„Du sollst dir kein Bildnis machen"* (2. Mose 20,4-6) – wäre dann das zweite Gebot. Alle weiteren Gebote werden dann einfach durchgezählt. Diese Zählweise wird auch in diesem Buch verwendet.

Luther (1483-1546) dagegen benutzt in seinem Kleinen Katechismus eine andere Gliederung. Für ihn gehören das Verbot anderer Götter und das der Bilderverehrung so eng zusammen, daß er sie als ein Gebot versteht.

Das zweite Gebot in Luthers Kleinem Katechismus – *„Du sollst den Namen des HERRN, deines Gottes, nicht mißbrauchen"* (2. Mose 20,7) – ist im Heidelberger Katechismus deshalb schon das dritte Gebot. Das zehnte Gebot des Heidelberger Katechismus entspricht in Luthers Kleinem Katechismus den Geboten neun und zehn.

---

[2] Eine etwas umfangreichere Einleitung zu den Zehn Geboten findet sich u.a. im „Katechismus der Zehn Gebote". arche-medien, Hamburg: 1999 (siehe auch den Hinweis auf S. 155).

Gottes Gebot im Herzen[3]

„Ich will meinen Geist in euch geben und will solche Leute aus euch machen, die in meinen Geboten wandeln und meine Rechte halten und danach tun." *(Hesekiel 36,27; LÜ '84)*

Klagen Sie auch über zu viel Kriminalität in der Welt, über zu viel Betrügereien und Herzlosigkeit? Statt dessen wünschen Sie sich mehr Ehrlichkeit und Nächstenliebe, mehr Mitmenschlichkeit und Frieden unter den Menschen. Wissen Sie, was Sie da eigentlich ersehnen? Ihr Wunsch nach mehr Liebe und Gerechtigkeit in der Gesellschaft ist im Grunde nichts anderes als Ihr verborgenes Bedürfnis nach den Zehn Geboten Gottes. Wenn Sie die Gebote lesen, dann stellen Sie nämlich fest, daß sich jedes von ihnen strikt gegen Lieblosigkeit wendet. Wir wünschen uns also, was Gottes Gebote beinhalten. Und doch tun wir das Gegenteil. Wir wünschen uns mehr Freundlichkeit und sind dennoch so unfreundlich zueinander. Der Grund ist ein einfacher: Der Mensch steht aufgrund seiner sündhaften Natur unter einem ganz bösen Fluch, den der Apostel so beschreibt: *„Wollen habe ich wohl, aber das Gute vollbringen kann ich nicht"* *(Römer 7,18; LÜ '84)*. Vielleicht haben Sie sich ernsthaft vorgenommen, nie wieder die Unwahrheit zu sagen, aber wegen eines Vorteils taten Sie es doch wieder. Sie wollten, aber konnten nicht.

Wir sehen also, es hat gar keinen Sinn, immer nur empört auf die bösen anderen zu zeigen. Wir alle tragen unseren Anteil dazu bei, daß die Welt so traurig aussieht. Denn wir alle haben gesündigt. Wir halten Gottes Gebote nicht, obwohl wir uns von Herzen danach sehnen, bessere Menschen zu werden.

Gott verändert Menschenherzen

Aber ich habe gute Nachricht für alle, die gern nach Gottes Geboten leben möchten, denen es aber so schwer fällt. Gott

---

[3] Fernsehpredigt vom 25. 10. 1998

sagt in Seinem Wort: *„Ich will meinen Geist in euch geben und will solche Leute aus euch machen, die in meinen Geboten wandeln und meine Rechte halten und danach tun"* *(Hesekiel 36,27; LÜ '84)*. Weil wir das in unserer eigenen Kraft nicht schaffen, will Gott es selber in uns wirken. Und das tut Er, indem Er Seinen Geist in unser Herz gibt und unsere Natur verändert.

Es wird manchmal gesagt, daß Gott Seine Gebote verändert, damit wir sie leichter halten können. Sogar in kirchlichen Kreisen wird darüber diskutiert, ob gewisse Gebote denn noch zeitgemäß sind oder besser durch Werte ersetzt werden sollten, die unsere jetzige Zeit bestimmt. Ja, auch in freikirchlichen Kreisen kann man hören, daß Gottes Gebote nicht mehr nötig seien, sondern durch die Gnade und den Glauben abgelöst worden seien und so jeder Christ unabhängig vom geschriebenen Gebot innerlich selber fühle, was Recht und Gerechtigkeit ist. Aber nirgendwo lehrt die Bibel, daß die Werte, die Gott in Seinem Gebot einmal gesetzt hat, verändert oder gar abgeschafft werden sollen, um Menschen leichter zu ethischem Verhalten zu bewegen.

Die Zehn Gebote sind Gottes ewiger und unveränderbarer Standard. Und wenn der sündige und deshalb hilflose Mensch dieser heiligen Norm nicht zu entsprechen vermag, verflacht Gott nicht Seine Wahrheit und Gerechtigkeit, damit sie uns Sündern passender wird, sondern Er erhebt den unfähigen Menschen und macht ihn tüchtig für Seine ewig gültige Rechtsordnung. Gott verändert also nicht Sein Gesetz, sondern Er verändert den Menschen.

Und wie tut Er das? Hören wir Gott selbst in Seinem Wort: *„Ich werde mein Gesetz in ihr Inneres legen und werde es auf ihr Herz schreiben"* *(Jeremia 31,33)*. Nun haben die Menschen aber ein so hartes Herz. Wie soll Gott Sein Gesetz auf Herzen schreiben, die so hart sind wie Stein, widerspenstig, grob und lieblos? Ich versuchte einmal, mit einem Nagel etwas auf einer

Betonplatte zu skizzieren. Das Ergebnis war, daß ich von der Anstrengung blutige Finger bekam, aber trotzdem niemand erkennen konnte, was ich darstellen wollte. Ich sagte daraufhin: „Ich brauche einen weicheren Untergrund." Und genau das ist es, was Gott braucht, um Sein heiliges Gesetz so auf unser Herz zu schreiben, daß wir es annehmen, lieben und auch danach tun.

Gott schreibt Sein Gesetz in unser Herz

Deshalb gibt Gott den Glaubenden ein neues Herz. Der Prophet Hesekiel drückt diese frohe Botschaft aus, indem er schreibt: *„Und ich will ein neues Herz und einen neuen Geist in euch geben und will das steinerne Herz aus eurem Fleisch wegnehmen und euch ein fleischernes Herz geben"* (Hesekiel 36,26; LÜ '84). Und dann schließt sich der bereits erwähnte Vers an: *„Ich will meinen Geist in euch geben und will solche Leute aus euch machen, die in meinen Geboten wandeln und meine Rechte halten und danach tun"* (Hesekiel 36,27; LÜ '84). Gott plaziert Seine Gebote also in ein erneuertes und somit weiches Herz hinein. Und nirgendwo kann Gottes Gesetz besser aufgehoben sein als im Herzen eines Menschen. Wovon unser Herz ergriffen ist, dahin gehen auch unsere Neigungen.

Wenn der lebendige Gott mit dem Griffel des Heiligen Geistes Sein Gesetz in Ihr erneuertes Herz geschrieben hat, dann haben Sie ein anderes Verhältnis dazu. Dann ist es nicht mehr kalter und feindlicher Buchstabe, der wie Zwang von außen auf Sie wirkt, sondern dann ist Ihnen Gottes Gebot von innen her wertvoll und köstlich. Sie fangen an, es buchstäblich von Herzen zu lieben. Sie wünschen dann nur noch eines, nämlich die Gerechtigkeit Gottes, die Sein Gesetz offenbart, auch praktisch zu leben. Dabei verlassen Sie sich aber nicht mehr auf Ihre eigene Kraft, sondern allein auf Christus, der Sie in Seinem vollkommenen Gehorsam einschließt, so daß auch Sie mit Freuden den Willen des himmlischen Vaters tun.

Das ist ein Prozeß, der Sie mehr und mehr zu einer starken und heilen Persönlichkeit werden läßt. Denn nun sind Sie in Gott und Seinem ewigen Gebot verankert. Das macht Sie unabhängig und frei von den Zwängen der Gesellschaft und den Meinungsführern, die mit Hilfe von Geld, Macht und Medien für alle bestimmen wollen, was Gesetz ist. Wenn Gott Seine Wahrheit in Ihr Herz geschrieben hat, dann schwinden auch Ihre Ängste und Komplexe vor den Menschen, die Ihnen immer ihr Böses diktieren wollen. Dann gehen Sie unerschrocken den Weg der Gerechtigkeit und Wahrheit, und Sie werden psychisch, nervlich und auch körperlich gesund. Die ganze Persönlichkeitsstruktur wird neu. Andere werden Sie um Ihren Glauben beneiden, der Sie so wunderbar verändert hat.

Die Rolle des Gesetzes im Neuen Testament[4]

„Meint nicht, daß ich gekommen sei, das Gesetz oder die Propheten aufzulösen; ich bin nicht gekommen, aufzulösen, sondern zu erfüllen." (Matthäus 5,17)

Wir wollen jetzt darüber sprechen, welche Rolle eigentlich die Gebote im Neuen Testament spielen. Viele glauben vorschnell, daß das Evangelium die Ablösung des Gesetzes bedeutet. Das ist falsch. Denn Jesus hat doch gesagt: *„Meint nicht, daß ich gekommen sei, das Gesetz oder die Propheten aufzulösen; ich bin nicht gekommen, aufzulösen, sondern zu erfüllen"* (Matthäus 5,17). Deshalb wollen wir einmal folgender Frage nachgehen:

Warum muß das Gesetz bleiben?

Der erste Grund, warum das Gesetz nicht aufgelöst wird, liegt ganz einfach darin: **Jesus hat es gesagt.** Christus ist der Sohn Gottes. Und was Er spricht, das geschieht. Deshalb ruft Er: *„Wahrlich, ich sage euch: Bis der Himmel und die Erde vergehen, soll auch nicht ein Jota oder ein Strichlein von dem Gesetz vergehen, bis alles geschehen ist"* (Matthäus 5,18). In die gleiche Kerbe haut Paulus, wenn er schreibt: *„Heben wir denn das Gesetz auf durch den Glauben? Das sei ferne! Sondern wir bestätigen das Gesetz"* (Römer 3,31). Das Evangelium bedeutet also unter keinen Umständen Ablösung oder Auflösung des Gesetzes, sondern Bestätigung. Anstatt nicht mehr über das Gesetz zu Seinen neutestamentlichen Jüngern zu sprechen, redet Jesus ausführlich und erklärend darüber. Anstatt das Gesetz beseitigen zu wollen, zeigt Er ihnen sehr eindrücklich, daß sie nicht nur den Buchstaben, sondern auch den tieferen Sinn und den Geist der Gebote erfassen müssen. Weil

---

[4] Radiosendung vom 18. 10. 1998

13

das Gesetz ewigen Bestand hat, darum sollten sie es auch vollkommen verstehen. Und das gilt auch für uns.

Aber das Gesetz muß auch **wegen seiner Natur unverändert** bleiben. Was meine ich damit? Göttliches Recht hat die Eigenschaft wie Gott selbst, sich nicht zu verändern. Was vor Ihm gestern Recht war, muß auch heute Recht sein. Was von alters her bei Gott Wahrheit war, muß auch heute bei Ihm Wahrheit sein. Und was einst als rein vor Ihm galt, muß auch heute als rein vor Gott gelten. Denn so wie der ewige Gott selbst unwandelbar ist und auch Seine Ratschlüsse unabänderlich sind, so ist auch Sein Gesetz unveränderlich. Denn *„Himmel und Erde werden vergehen, aber meine Worte werden nicht vergehen"*, sagt Jesus (Matthäus 24,35 LÜ '84). Manchmal wird Gott wie ein Mensch dargestellt, der erst später merkte, daß Er den Menschen zuviel auferlegt und deshalb im Neuen Testament den Standard Seines Gesetzes herunterschraubt und durch das leichtere Gesetz des Glaubens abgelöst habe. Aber Gott ist kein Mensch und Er hat sich auch nicht verschätzt; darum muß Er auch Sein Gebot nicht ändern.

Denn schon bevor die Gebote am Sinai gegeben wurden, waren sie bereits gültig. Denn Gott hatte sie bereits in das Wesen Seiner Kreaturen hineingelegt. Schon als Adam im Garten Eden lebte, war es nichts anderes als Recht, seinen Schöpfer von ganzem Herzen zu lieben, und es war böse, dem Willen Gottes zu widersprechen. Einerlei, wie die Zeiten sich geändert haben und noch ändern werden, es war und es wird immer Unrecht sein, zu lügen, zu stehlen, zu morden oder die Ehe zu brechen. Wer das Gesetz ändern will, der muß auch Gott ändern wollen. Denn Recht und Wahrheit sind Bestandteil des ewigen Wesens Gottes. Die Gebote leichter machen zu wollen und das Böse als rein zu erklären, wäre dasselbe, als würde Gott sich von Seiner Heiligkeit trennen und selber nicht mehr ganz die Wahrheit sein.

Paulus sagt: „*So ist also das Gesetz heilig und das Gebot heilig und gerecht und gut*" *(Römer 7,12)*. Es ist also absolut perfekt. Aber wenn man das, was absolut vollkommen ist, ändert, behauptet man eigentlich, daß es doch nicht ganz vollkommen war. Sonst würde man es nicht ändern wollen. Müßte Gott am Gesetz wirklich etwas ändern, hätte Er es nicht heilig, gerecht und gut nennen dürfen. Aber das Gebot Gottes ist und bleibt zeitlos, uneingeschränkt vollkommen. Es kann also schon von seinem Wesen her nicht geändert werden.

Das Gesetz bewirkt Sündenerkenntnis

Es ist auch **äußerst gefährlich**, daß Gebot ändern oder gar abschaffen zu wollen. Damit würden wir das Mittel beseitigen, das der Heilige Geist benutzt, um uns von unserer Sünde zu überzeugen. Er zeigt einem Sünder die Heiligkeit Gottes, indem Er ihm die unerfüllbaren Forderungen des Gesetzes klar macht. Paulus schreibt: „*Die Sünde hätte ich nicht erkannt, als nur durch das Gesetz*" *(Römer 7,7)*. In Vers 9 heißt es: „*Als aber das Gebot kam, lebte die Sünde auf*" *(Römer 7,9)*. Wenn wir das Gesetz beseitigen wollten, würden wir das wegtun, was unbedingt nötig ist, um Sünde zu erkennen. Sünde ist Übertretung des Gebotes. Wäre das Gebot weg, wäre auch die Erkenntnis der Sünde weg.

Man kann das Gesetz vielleicht auch mit dem Schmerz vergleichen. Wenn man die Schmerzfähigkeit aus unserem Körper beseitigen würde, würden wir Krankheit übersehen und nicht den Arzt aufsuchen. Deshalb wollen wir Gott für den Schmerzmechanismus danken, auch wenn er wehtut. Aber er weist uns auf einen Defekt in unserem Leibe hin. So wollen wir Gott auch für das vollkommene Gebot preisen, so schmerzlich wie es ist, aber es offenbart uns den Defekt unseres Herzens, und wir suchen Jesus, den Arzt unserer Seele, auf. Aber wenn wir das Gesetz verflachen oder es ganz abschaffen wollen, dann wird uns das Bewußtsein der Sünde fehlen und Christus bedeutet uns wenig. Wir glauben, Ihn nicht wirklich zu brauchen, weil wir nicht merken, wie verloren wir sind. Wie gefährlich ist es also, das Gesetz beseitigen zu wollen. Darum wollen wir Gott für das vollkommene Gesetz preisen, denn es ist das Mittel zur Erkenntnis unserer absoluten Verlorenheit. Möge der Heilige Geist heute bei dir das heilige Gesetz anwenden, damit du deine Sünde erkennst.

Das Gesetz treibt uns zu Christus

Aus diesem Zusammenhang erkennen wir aber auch ganz klar, daß das Gesetz selbst uns nicht errettet, genauso wenig wie uns Schmerz heilen kann. Das Gebot ist uns gegeben, damit wir begreifen, daß wir dringend Rettung brauchen. Wir brauchen ein heiliges und vollkommenes Gesetz Gottes, damit wir unsere Hoffnungslosigkeit und Verdammnis erkennen. Die Schärfe des Gesetzes will uns den Gedanken austreiben, daß wir es mit guten Werken schaffen könnten.

Hier zeigt sich eine weitere verderbliche Gefahr. Wenn nämlich jemand behauptet, die Gebote des Neuen Testamentes seien leichter gemacht worden, dann bringt er Menschen in die Versuchung, es doch mit den eigenen Werken zu versuchen, anstatt sich auf Christus und Seine erworbene Gerechtigkeit zu verlassen. Weh uns, wenn wir gering und verachtend über das Gesetz reden. Dann rauben wir den Menschen den „Pädagogen" oder „Zuchtmeister", der sie zu Christus bringen soll. So nennt Paulus nämlich das Gesetz. Er sagt im Galaterbrief: *„Also ist das Gesetz unser Zuchtmeister auf Christus hin geworden, damit wir aus Glauben gerechtfertigt würden"* (Galater 3,24). Weil wir am Gesetz scheitern müssen, ist es uns zum Fluch geworden und treibt uns so aus Verzweiflung zum Glauben. Und wer diese Verzweiflung nicht kennengelernt hat, der weiß auch nicht, was rettender Glaube ist. Weh dem, der den Zuchtmeister beseitigen will.

In einem Vers zuvor sagt der Apostel: *„Bevor aber der Glaube kam, wurden wir unter Gesetz verwahrt, eingeschlossen auf den Glauben hin, der geoffenbart werden sollte"* *(Galater 3,23).* Das Gesetz ist also unser notwendiges Gefängnis, in das uns der Heilige Geist hineinbringt, damit wir nach Erlösung schreien. Niemand wird nach Erlösung rufen, wenn er die Gefangenschaft durch das Gesetz nicht begriffen hat. Niemand wird Christus preisen, wenn er nicht zuvor mit Paulus rufen konnte: *„Ich elender Mensch, wer wird mich erlösen!"* *(Römer 7,24; LÜ '84).* Darum konnte es niemals die Absicht Christi sein, das Gesetz aufzulösen. Und weh dem, der eines der geringsten Gebote auflösen will.

Natürlich, wenn wir in Christus unsere Erlösung gefunden haben, sind wir nicht mehr unter dem Gesetz. Dann heißt es: *„Nachdem aber der Glaube gekommen ist, sind wir nicht mehr unter einem Zuchtmeister"* *(Galater 3,25).* Aber ohne diesen Zuchtmeister würden wir nie auf den Weg des Glaubens gekommen sein.

Das heißt im Klartext: Wer das Gesetz beseitigt, beseitigt auch das Evangelium. Deshalb müssen wir auch das Gesetz Gottes predigen, damit Menschen ihren hoffnungslosen Zustand begreifen. Da wo die Unbestechlichkeit des Gesetzes nicht gepredigt wird, kann es auch nicht die notwendige Erschütterung der Herzen geben, die echte Buße zum Leben bewirkt. Du versuchst beispielsweise das Gebot der Liebe zu halten, aber immer wieder zerbrichst du an diesem Gesetz. So treibt dich der Zuchtmeister zur Verzweiflung, bis du schreist: „Gott sei mir Sünder gnädig!" Das schenke dir Jesus.

Erfüllung des Gesetzes[5]

„Meint nicht, daß ich gekommen sei, das Gesetz oder die Propheten aufzulösen; ich bin nicht gekommen, aufzulösen, sondern zu erfüllen." (Matthäus 5,17)

Gottes Gesetz kann nicht aufgelöst werden, denn es ist *„heilig und gerecht und gut" (Römer 7,12).* Deshalb muß es erfüllt werden. Aber **wir** können es nicht erfüllen. Wir haben alle versagt und versagen immer noch vor der Vollkommenheit dieses göttlichen Gesetzes. Wir können uns noch so viel Mühe geben, aber unser sündiges Fleisch ist zu schwach. Auf dem Gesetzesweg müssen wir scheitern. Wir müssen auf eine andere Weise errettet werden.

Wir müssen endgültig begreifen, daß Errettung nur aus Gnade durch den Glauben an Jesus Christus geschehen kann, der das ganze Gesetz erfüllt hat. Unsere Hoffnung liegt allein in Ihm, der das Gesetz nicht aufgelöst oder erleichtert hat, sondern der es in vollem Umfang erfüllt hat. Und nun dürfen **wir** die Frucht Seines Gehorsams unverdient ernten und genießen. Nun wollen wir uns einmal anschauen, auf welche Weise Jesus das Gesetz erfüllt hat.

Jesus erfüllte das Gesetz in Seinem Leben

Erstens erfüllte unser Heiland das Gesetz in Seinem Leben. Er erfüllte es, indem Er vollkommenen Gehorsam leistete. Sünde ist Übertretung der Gebote Gottes. Aber Jesus hat nie gesündigt und deshalb auch nie das Gebot Seines himmlischen Vaters übertreten. Was manchmal bei Ihm nach Übertretung aussah, war aber nur ein Verstoß gegen Satzungen und Traditionen, die die Menschen dem Gesetz Gottes angehängt hatten. Aber Er war nie ein Übertreter des Gesetzes selbst gewesen. Er kannte nämlich nicht nur den Buchstaben, sondern auch den

---

[5] Radiosendung vom 25. 10. 1998

Geist des Gesetzes, den viele übersehen. Denn Jesus war ja zusammen mit Seinem Vater der Urheber des Gesetzes. Obwohl Herr über das Gesetz, wie sollte Er sich nicht völlig unter das stellen, was Er selbst mit verfaßt hatte. Er litt aufgrund der Schwachheit auch Seines Fleisches unter Versuchungen, aber Preis sei Gott, Er blieb ohne Sünde (Hebräer 4,15).

Aufgrund dieses Verdienstes Christi kann Paulus schreiben: *„Denn wie durch des einen Menschen Ungehorsam die vielen in die Stellung von Sündern versetzt worden sind, so werden auch durch den Gehorsam des einen die vielen in die Stellung von Gerechten versetzt werden" (Römer 5,19)*. Das heilige Gesetz kann nicht weniger verlangen, als daß es durch ein tadelloses Leben erfüllt wird. Und jeder Glaubende ist auch tatsächlich in der Lage, dem Gesetz ein solches Leben zu präsentieren und es zufriedenzustellen. Es ist allerdings nicht unser eigenes, sondern das makellose Leben Jesu Christi, das wir vorweisen dürfen. Denn Christus ist uns, die wir mit Ihm vereinigt sind, vom Vater selbst zu unserer Gerechtigkeit gemacht worden. Der Gehorsam, den Christus dem Gesetz gegenüber geleistet hat, wird so gerechnet, als hätten wir ihn erbracht. Deshalb kann es auch heißen: *„Denn Christus ist des Gesetzes Ende, jedem Glaubenden zur Gerechtigkeit" (Römer 10,4)*. Dieser Satz des Paulus meint nicht, daß das Gesetz nicht mehr gilt. Wir haben gesehen, daß es gilt und immer gültig bleiben wird. Aber es ist durch Christus für die Glaubenden erfüllt worden und hat deshalb keinerlei Ansprüche mehr an die Söhne und Töchter Gottes. Das Gesetz ist bei uns zu Seinem Ende gekommen, weil ihm in unserem glorreichen Haupt Jesus Christus Genüge getan worden ist. Gelobt sei unser Heiland für Seinen völligen Gehorsam in Seinem Leben.

Jesu erfüllte das Gesetz durch Sein Opfer am Kreuz

Aber zweitens hat der Sohn Gottes das Gesetz auch durch Sein beispielloses Opfer am Kreuz erfüllt. Die Bibel sagt:

„Wenn jemand das Gesetz des Mose bricht, muß er sterben ohne Erbarmen" (Hebräer 10,28; LÜ '84). Oder sie sagt auch: *„Die Seele, die sündigt, sie soll sterben."* (Hesekiel 18,20). Die Gerechtigkeit des Gesetzes verlangt also den Tod für den Übertreter. Wenn wir also das Gesetz nicht halten, will es seine Gerechtigkeit, daß es durch die Strafe des Todes zufriedengestellt wird. In diese Strafe ist Jesus als unser Bundeshaupt für uns eingetreten und erfüllte das Gesetz, indem Er seine Strafforderungen einlöste und an unserer Stelle den Tod erlitt. Jesus beglich also unsere Rechnung, die wir dem Gesetz gegenüber noch zu zahlen hatten. Und nun ist das Gesetz uns gegenüber still geworden. Die Strafe für die Übertretung ist vollzogen worden. Denn sie liegt *„auf ihm"*, auf Christus, *„auf daß w i r Frieden hätten"* (Jesaja 53,5; LÜ '84).

Jesus hat also in zweifacher Weise für uns das Gesetz erfüllt: Einmal in Seinem Leben durch völligen Gehorsam und zum anderen in Seinem Tode, durch den Er die notwendige Strafe trug, die das gerechte Gesetz noch von uns zu fordern hatte. Doppelt hat unser Erlöser also das Gesetz erfüllt. Das hat Er für dich und mich getan. Darum wollen wir Ihn von Herzen preisen.

Christus erfüllt das Gesetz in uns

Aber das ist noch nicht alles. Christus erfüllt in noch anderer Weise das Gesetz. Er erfüllt es in uns, indem Er uns eine neue Natur einpflanzt und durch Seinen Geist in uns lebt. Auf diese Weise erwirkt der vollkommene Christus ein heiliges Leben. Das beginnt mit der Wiedergeburt, bei der uns göttliches Leben eingehaucht wird. Es ist *„das Gesetz des Geistes des Lebens"* (Römer 8,2). Deshalb kann Johannes auch schreiben: *„Wir wissen, daß jeder, der aus Gott geboren ist, nicht sündigt"* (1. Johannes 5,18). Das neue Leben aus Gott schafft also eine starke innere Abweisung gegen die Sünde. Es ist der Christus in uns, der das bewirkt. Deshalb heißt es: *„Nun lebe*

nicht mehr ich, sondern Christus lebt in mir" (Galater 2,20).
Das heißt, wir ringen nicht mehr um jeden einzelnen Buchstaben des Gesetzes, sondern wir überlassen uns vertrauensvoll dem in uns wohnenden Christus, so daß Er Seine Gesetzestreue in uns auslebt.

Denn dieser Christus in mir liebt das Gesetz und erfüllt es in mir. Man kann also auch sagen, daß Wiedergeburt und Heiligung Erfüllung des Gesetzes in einem Menschen bedeuten. Denn Christus kommt ins Herz. Und in der Heiligung bringt uns Christus mit sich selbst in die Gleichheit des vollkommenen Gesetzes Gottes. Umwandlung in das Bild Christi heißt doch nichts anderes, als so zu werden wie Er. Und wie war Er? Gehorsam und untadelig vor dem ewig gültigen Gesetz. Aber ein solches gerechtes Leben können wir uns nicht im Fleisch erarbeiten, sondern es wird in uns durch Christus geformt. Er arbeitet so an uns, daß wir dem Standard des heiligen Gesetzes mehr und mehr entsprechen und einmal ohne Flecken und Runzel in die Herrlichkeit Gottes eingehen. Deshalb kann Jesus nicht anders sprechen als: *„Meint nicht, daß ich gekommen sei, das Gesetz oder die Propheten aufzulösen; ich bin nicht gekommen, aufzulösen, sondern zu erfüllen"* (Matthäus 5,17). Und das tut Er in uns. Er allein ist es, der die Rechtsforderungen des Gesetzes in uns erfüllen kann, wie Paulus in Römer 8,3-4 ausdrücklich sagt.

Deshalb meine Frage: Möchtest du selbst das Gesetz erfüllen oder soll es lieber Christus in dir tun? Nur Er kann es in dir schaffen. Darum weihe dich deinem Heiland ganz und gib dich Seiner zurechtbringenden Gnade und Weisheit hin. Er allein versteht es, aus dir etwas zum Lob Seiner Herrlichkeit zu machen.

Aus Gottes Gnade leben

Viele Christen haben das noch nicht richtig verstanden. Sie wollen sich immer noch aus eigener Kraft dem Vater als gehorsam und treu darstellen. Aber die Bibel sagt, daß nur Christus das tun kann und es auch tun wird. Wir machen uns das Leben so furchtbar schwer, wenn wir uns selbst Gott perfekt darstellen wollen. Lege dir nicht Gesetzeslasten auf, die du doch nicht erfüllen kannst (Galater 3,10). Unsere Aufgabe ist nicht, nach dem Buchstaben des Gesetzes leben zu wollen, sondern in Buße vor den Forderungen dieses Gesetzes zusammenzubrechen und Gott um Gnade zu bitten. **Glauben heißt, vor der Unerfüllbarkeit des heiligen Gesetzes zu kapitulieren und statt dessen in den Armen Jesu zusammenzubrechen, in dem Vertrauen, daß Er schafft, was ich nicht vermag.** Unsere Hoffnung liegt allein in der totalen Vereinigung mit Christus. Lerne darum, in allen Lebenslagen aus dem zu leben, was Er dir in Gnade darreicht.

Scheiterst du häufig in dem Bemühen, ein guter Ehepartner zu sein? Gelingt es dir trotz äußerster Anstrengung nicht, mit gewissen Lastern und Gewohnheitssünden fertig zu werden? Ich glaube, du stehst dir mit deiner eigenen Kraft selbst im Weg. Du glaubst noch zu sehr an dich selbst. Versuche es nicht mit mehr Courage, sondern mit Selbstaufgabe, Hingabe an Jesus. Vertraue Ihm, daß Er in dir mit deinen bösen Neigungen fertig wird. Gib auf und gib dich ab an Ihn. Suche dir täglich einen einsamen Platz, wo du dem Heiland begegnest. Dort laß dir dein Selbstvertrauen zerbrechen und laß dir zeigen, daß du nichts anderes als Gnade brauchst. Weine dich in tiefer Buße aus vor Gott, und du wirst sehen, wie dich die Gnade trägt und Jesus selbst die Sache deines Lebens in Seine Hand nimmt. Du wirst staunen, was Er aus dir machen kann.

Gesetz oder Gnade – was denn?[6]

„Wenn ihr meine Gebote haltet, so werdet ihr in meiner Liebe bleiben." (Johannes 15,10)

Wir haben uns schon damit beschäftigt, daß Gott Sein Gesetz in das Herz der Menschen schreibt. Daß es vorher bei den Gesetzestafeln, die dem Mose übergeben worden waren, auf Stein geschrieben war, drückt aus, daß es ewig gültig ist. Daß Gott es dann aber auch ins Herz Seiner Kinder hineinschreibt, hat die Konsequenz, daß sie fähig sind, das Gesetz durch die innewohnende Kraft des Heiligen Geistes aus Liebe zu halten und in den Wegen Gottes zu wandeln.

Zwei Seiten einer Medaille

Es ist für manchen sicherlich nicht einfach, diese beiden biblischen Wahrheiten, die auf den ersten Blick widersprüchlich zu sein scheinen, in Einklang zu bringen: Einerseits ist die Bibel voller Ermahnungen, daß wir als wiedergeborene Kinder Gottes Seine Gebote halten, sie lieben und über Sein Gesetz nachsinnen sollen Tag und Nacht, wie der Psalmist sagt (Psalm 1,2).

Andererseits habe ich in meinen Predigten immer wieder von der überschwenglichen Gnade Gottes gesprochen, die es unwichtig werden läßt, ob wir uns gut oder schlecht benehmen, weil wir allein aus Gnade und Glauben selig werden.

Um zu vermeiden, daß es zu Mißverständnissen kommt, möchte ich jetzt noch einmal diese beiden Wahrheiten nebeneinander stellen und versuchen, sie noch verständlicher zu machen.

Manche Christen äußerten bereits Bedenken, ob diese Art der Verkündigung, daß nämlich die Gnade Gottes ausreichend ist, um uns zu erretten und auf unserem Glaubensweg zu be-

---

[6] Predigt vom 09. 08. 1998

wahren, nicht dazu führen könnte, daß Kinder Gottes lässig werden in der Frage der Sünde, der Nachfolge und des Gehorsams. Diese Vorwürfe sind übrigens auch dem Paulus gemacht worden, als man ihm sagte: „Deine Lehre von der Gnade bedeutet ja, daß man tüchtig sündigen soll, damit die Gnade dann noch viel mächtiger werde" (vgl. Röm 6,1). Da fühlte sich der Apostel aber völlig mißverstanden, und er antwortete: „Wie kann man denn aus meiner Lehre von der Gnade einen solchen Schluß ziehen? Sind wir denn nicht der Sünde gestorben, daß wir noch in ihr leben sollten? Sind wir denn nicht erlöst?" Wörtlich heißt es: *„Wir, die wir der Sünde gestorben sind, wie sollten wir noch in ihr leben?" (Römer 6,2).* Und als es um die Frage des Gesetzes ging, schrieb Paulus: *„Heben wir denn das Gesetz auf durch den Glauben? Das sei ferne! Sondern wir richten das Gesetz auf" (Römer 3,31).*

Es gibt also auch bei Paulus diesen scheinbaren Widerspruch. Mal sagt er: „Allein durch die Gnade." Dann aber richtet er das Gesetz wieder auf. Für das Verständnis des Evangeliums und für unser praktisches Glaubensleben ist es von großer Bedeutung, diesen Zusammenhang zu verstehen.

Die Gnade bewirkt das Halten der Gebote

Der Apostel erklärt in Kolosser 1,28-29: *„Jesus verkündigen wir, indem wir jeden Menschen ermahnen und jeden Menschen in aller Weisheit lehren, um jeden Menschen vollkommen in Christus darzustellen; wozu ich mich auch bemühe und kämpfend ringe gemäß seiner Wirksamkeit, die in mir wirkt in Kraft."* In 1. Korinther 15,10 stellt Paulus fest: *„Ich habe viel mehr gearbeitet als sie alle; nicht aber ich, sondern die Gnade Gottes, die mit mir war."*

Um eine Antwort auf die Frage „Gnade oder Gesetz?" zu finden, muß man, so glaube ich, zuerst eine Grundsatzfrage stellen: Will ich die Gebote halten und gute Werke tun, um Gott dadurch gnädig zu stimmen? Oder liebe ich Sein Gesetz und arbeite für den Herrn, weil das die Gnade in mir gewirkt hat?

Mit anderen Worten: Es ist eine Freude und eine Lust, Gottes Gebot in meinem Herzen zu haben und es praktisch zu befolgen, nicht weil man dadurch Gerechtigkeit, die aus dem Gesetz kommt, und die Rettung von Gott empfangen will, sondern weil Gott in Seiner großen Gnade Seinen Heiligen Geist ins Herz gegeben hat. Dieser wirkt in uns ein anderes Verhältnis zu dem Gesetz Gottes. Darum sagte Jesus in Johannes 14,15: *„Wenn ihr mich liebt, werdet ihr meine Gebote halten."* Er sagte nicht: „Wer meine Gnade und ewiges Leben haben will, muß die Gebote halten."

Wenn es also tatsächlich ein Gotteskind geben sollte, das die Zehn Gebote für überholt hält und lieber nach seinem eigenen Gesetz leben will, indem es sagt: „Der Heilige Geist wird mich schon so leiten, wie es richtig ist", muß ich dich warnen: In diesem Fall lebst du nicht im Geist. Ein geisterfüllter Christ hat nämlich seine Lust am Gebot des Herrn, denn der Heilige Geist wird niemals das Gesetz verwerfen oder mißachten, sondern es immer bestätigen.

Das sagt auch Jesus: *„Bis Himmel und Erde vergehen, wird nicht vergehen der kleinste Buchstabe noch ein Tüpfelchen vom Gesetz, bis es alles geschieht. Wer nun eines von diesen kleinsten Geboten auflöst und lehrt die Leute so, der wird der Kleinste heißen im Himmelreich"* (Matthäus 5,18-19; LÜ '84). Auch Jesus löste das Gesetz nicht auf, sondern legte es lediglich in der Bergpredigt aus und erklärte seinen Sinn und die tiefere Bedeutung. **Damit Gott uns nun Sein Gesetz ins Herz schreiben konnte, veränderte Er nicht Seine Gebote, sondern unser Herz.**

Gott spricht durch Hesekiel: *„Ich will euch ein neues Herz und einen neuen Geist in euch geben und will das steinerne Herz aus eurem Fleisch wegnehmen und euch ein fleischernes Herz geben. Ich will meinen Geist in euch geben und will* *solche Leute aus euch machen, die in meinen Geboten wandeln und meine Rechte halten und danach tun"* (Hesekiel 36,26-27; LÜ '84). Wir finden also Geist und Gesetz in einem Satz! Gott sagt uns also: „Durch Meinen Geist werdet ihr fähig, eure Abneigung gegenüber Meinen Geboten zu überwinden; ihr lernt sie lieben und werdet sie mit großer Freude halten." Christen, die Sein Gesetz befolgen und nicht allein Hörer, sondern auch Täter des Wortes Gottes sind, sind also wahrhaft geisterfüllte Menschen!

So lege ich großen Wert darauf, daß wir Gotteskindern, die zwar in praktischer Frömmigkeit vorbildlich leben, aber nicht in neuen Zungen sprechen, niemals absprechen, geisterfüllt zu sein. Sie sind es auf jeden Fall eher als solche Gläubige, die in Zungen sprechen, aber ansonsten in ihrem praktischen Leben bezüglich der Gebote Gottes versagen. Wenn ich solche Aussagen mache, begebe ich mich natürlich in die Gefahr, daß man mir unterstellt, ich würde gering von der Gabe des Zungenredens denken. Das tue ich natürlich nicht, aber ich bin mit Paulus einig, wenn er in 1. Korinther 13,1 sinngemäß erklärt: „Wenn wir mit Engelszungen reden würden und alle Gaben hätten, aber die Liebe nicht, wäre doch alles umsonst." In dem Gebot der Liebe ist das ganze Gesetz zusammengefaßt. Das ist das Entscheidende, und dann kommen die Gaben hinzu, die zur Auferbauung des Leibes Christi dienen. Dieser wird dadurch gestärkt, daß Menschen fähig werden, in dem Willen Gottes zu wandeln, den wir in den Geboten finden.

Christus – des Gesetzes Ende

Nun gibt es immer wieder Christen, die meinen: „Aber es heißt doch: *‚Christus ist des Gesetzes Ende.‘ (Römer 10,4)*." Das ist wohl wahr. Dabei müssen wir uns aber ganz genau ansehen, auf welche Art des Gesetzes sich Paulus mit dieser Aussage bezieht. Was ist damit gemeint? Natürlich nicht, daß die Gültigkeit des Gesetzes zu Ende gekommen ist.

Es bedeutet einmal, daß durch Christus die Verurteilung durch das Gesetz zu Ende gekommen ist. Denn Er hat alle unsere uns zustehende Strafe getragen. Ihn hat die Kraft des Gesetzes am Kreuz getroffen (vgl. Galater 3,13; 1. Petrus 2,24). Uns trifft sie deshalb nicht mehr. Darum ist Christus das Ende des Gesetzes für uns.

Wenn wir den unmittelbaren Textzusammenhang von Römer 10,4 betrachten, finden wir eine weitere Erklärung für diese Stelle. Das griechische Wort, welches wir meist mit „Ende" übersetzen, bedeutet zunächst „Ziel". „*Christus ist des Gesetzes Ziel*", ist somit die Hauptaussage des Textes. Daß dadurch bestimmte Dinge auch zu Ende kommen, daß wir bestimmte Vorschriften Gottes nicht mehr praktizieren müssen, ist damit inbegriffen, und wir werden es unten im Detail betrachten.

In Römer 9,32-33 greift Paulus ein Bild aus dem Alten Testament auf. Die Juden gehen auf dem Weg des Gesetzes, aber an einer Stelle liegt ihnen ein Stein im Weg. Es ist Jesus, der „*Stein des Anstoßes*", wie Paulus erklärt. Gott selbst war es, der diesen „*Stein des Anstoßes, den Fels des Ärgernisses in Zion gelegt*" (*Zitat aus Jesaja 8,14*) hatte. Christus war also schon in alttestamentlicher Zeit derjenige, an dem die Entscheidung fiel. Er lag gewissermaßen auf dem Weg des Gesetzes, ja vielmehr war Er das „*Ziel*", der „*Endpunkt des Gesetzes*", wie wir es dann in Römer 10,4 lesen können. Das heißt, man konnte an Ihm nicht einfach vorbeigehen. Christus forderte schon immer die Entscheidung heraus. Aber die Juden haben sich „*angestoßen am Stein des Anstoßes*"[7]. Sie wollten lieber den Weg des Gesetzes weitergehen. Für sie war gewissermaßen der Weg zum Ziel geworden. Sie wollten sich nicht von so einem Stein aufhalten lassen. Dabei übersahen sie aber, daß dieser Stein das Ende des Weges markierte, daß man, bei ihm

---

[7] Im Griechischen findet sich hier ein entsprechendes Wortspiel.

angelangt, sozusagen am Ziel war, daß er sogar Schutz und Zuflucht versprach, denn: *„wer an ihn glaubt, wird nicht zuschanden werden" (Jesaja 28,16[8])* – sofern man nur seine richtige Bedeutung verstand. Jesus ist somit nicht nur der *„Stein des Anstoßes"*, sondern für die Glaubenden der „Fels des Heils"[9]. Israel aber versuchte – die wahre Bedeutung des Steines mißachtend –, am Stein vorbeizukommen, immer weiter ‚treu' den Weg des Gesetzes zu gehen. Da man aber nicht mal eben so an diesem Stein vorbeigehen kann, stießen sie sich sehr an ihm. Wenn man die Folgen bedenkt – Paulus betet für sie, daß sie gerettet werden (Römer 10,1) –, kann man eigentlich nicht nur von „Anstoßen" reden. Genaugenommen sind es tödliche Verletzungen, die man sich bei dem Versuch, an Jesus vorbeizukommen, zuzieht.

Aber es gibt noch einen dritten Aspekt, der für das Verständnis von *„Christus ist des Gesetzes Ende" (Römer 10,4)* von Bedeutung ist. Das mosaische Gesetz gliedert sich nämlich in mehrere verschiedene Elemente. Da ist zum einen das sogenannte **Zeremonialgesetz**. In diesem ist geregelt, wie der Opfervorgang im Tempel stattzufinden hatte, also z.B. welche Tiere auf welche Art geopfert werden mußten, wie die Reinigung dabei auszusehen hatte usw. Dieses Gesetz regelte also alles, was den Gottesdienst und die Opferungen im Tempel betraf.

Einen anderen Teil kann man als **Zivilgesetz** bezeichnen. Wenn man das ganze Gesetz in den Büchern Mose liest, stellt man fest, daß viele Gebote die Rechtsprechung in dem Staat Israel betreffen. Dazu gehört zum Beispiel dieses Gesetz: *„Auge um Auge, Zahn um Zahn" (2. Mose 21,24; 3. Mose 24,20; 5. Mose 19,21)*. Dieses wurde von den Pharisäern dann

---

[8] Zitiert nach der Septuaginta, der griechischen Übersetzung des Alten Testamentes.

[9] Vgl. Matthäus 7,24-25; Psalm 31,3-4; 40,3; 42,10; 62,8; Jesaja 26,4; 1. Korinther 10,4; 1. Petrus 2,8

leider mißbraucht, und man rechtfertigte damit Selbstjustiz (vgl. Matthäus 5,38), obwohl diese Weisung nur unter die Obhut der staatlichen Gerichtsbarkeit gehörte, wie Paulus auch in Römer 13,4 (LÜ '84) sagte: *„Sie* [die Obrigkeit] *trägt das Schwert nicht umsonst: sie ist Gottes Dienerin und vollzieht das Strafgericht an dem, der Böses tut. "*

Manche Christen meinen nun, man sollte auch in anderen Staaten das Rechtssystem des alten Israel einführen – wie es bei uns im Grundgesetz ja zum Teil geschehen ist –, weil auf diesem Gottes Segen lag. Die Aufgabe der Gemeinde Jesu ist aber nicht in erster Linie, politisch tätig zu werden, obwohl es natürlich auch Geschwister gibt, die dies als Vision von Gott empfangen haben.

Dann gibt es auch noch das sogenannte **Moralgesetz**, bei dem es sich um das ewig gültige, ethische Gesetz handelt. Dieses ist besonders in den Zehn Geboten enthalten.

Gerade für die Unterscheidung zwischen Zeremonial- und Moralgesetz gibt es viele unmittelbare biblische Belege. So lesen wir z.B. in 1. Samuel 15,22: *„Hat der HERR so viel Lust an Brandopfern und Schlachtopfern wie daran, daß man der Stimme des HERRN gehorcht? Siehe, **Gehorchen ist besser als Schlachtopfer**, Aufmerken besser als das Fett der Widder. "* Ganz ähnlich heißt es in Hosea 6,6: *„Denn an Güte habe ich Gefallen, nicht an Schlachtopfern, und an der Erkenntnis Gottes mehr als an Brandopfern. "* Ja, es ist das ständige Klagen der alttestamentlichen Propheten, daß das Volk zwar schöne Gottesdienste liebt und die Zeremonien sehr genau praktiziert, im Alltag dagegen aber nichts von Gottes Gebot wissen möchte (Jesaja 1,11-17; Amos 5,21-24; Micha 6,6-8; Sacharja 7,5-10 u.a.m.).

Wenn es nun heißt: *„Christus ist des Gesetzes Ende",* dann ist damit gemeint, daß Christus das Ende aller Opferzeremonien ist. In Hebräer 10,8-10 (LÜ '84) heißt es bezugnehmend auf ein Wort aus Psalm 40,7-9: *„Zuerst hatte er gesagt: ‚Opfer und*

Gaben, Brandopfer und Sündopfer hast du nicht gewollt, sie gefallen dir auch nicht', obwohl sie doch nach dem Gesetz geopfert werden. Dann aber sprach er: ,Siehe, ich komme, zu tun deinen Willen.' Da hebt er das erste auf, damit er das zweite einsetze. Nach diesem Willen sind wir geheiligt ein für allemal durch das Opfer des Leibes Christi."

Wenn also das Neue gekommen ist, wird das Alte aufgehoben. Wenn der „Schatten" mit den Symbolen auf Christus vorbei und die Wirklichkeit im Opfer Christi gekommen ist, sind Opfer- und Reinigungsgesetze nicht länger nötig. In diesem Zusammenhang meinte Paulus: „Wenn da Judenchristen sind, die noch aus dem Bereich der Zeremonialgesetze der Gemeinde Jesu Gesetze auferlegen wollen, sind sie nicht auf dem Weg des Evangeliums, denn Christus ist des Gesetzes Ende. In Ihm ist das Zeremonialgesetz erfüllt" (vgl. Apostelgeschichte 15,1-29; Galater 5,2-3).

Aber das Moralgesetz, das in den Zehn Geboten zusammengefaßt ist und in der Bergpredigt vertieft wird, ist ewig gültig. Wenn jemand das Evangelium so versteht, daß Christus ein Ersatz oder der Heilige Geist eine Alternative zum Gesetz wäre, irrt er sich. Gott hat sich nicht gewandelt, Er bleibt derselbe, gestern, heute und in alle Ewigkeit. Was vor tausend oder zehntausend Jahren Wahrheit war, ist auch heute noch Wahrheit, was Lüge war, ist immer noch Lüge. Das Moralgesetz Gottes wird sich niemals ändern.

Deswegen möchte ich mich mit den Zehn Geboten beschäftigen, weil ich das Empfinden habe, daß es für die Gemeinde Jesu äußerst wichtig ist, den Willen Gottes, den Er in Seinem Gesetz kundgetan hat, besser zu kennen. Dadurch lernen wir auch Ihn selbst besser kennen und können Ihn von Herzen anbeten und Ihm dienen.

Auf welche Weise hat sich Gott uns denn bekannt gemacht? Einmal im Gebot und dann in der Erkenntnis, daß niemand in der Lage ist, dieses zu erfüllen. Keiner kann sich Gottes Gerechtigkeit durch das Halten des Gesetzes erarbeiten, keiner kann somit selig werden, wenn wir nicht das Opfer Christi empfangen, der für unsere Sünde gestorben ist und damit das ganze Gesetz erfüllt hat. Jesus ist der Schlüssel zum Gesetz. Deswegen sagt Er auch in Johannes 14,15: *„Wenn ihr mich liebt, werdet ihr meine Gebote halten."* Und in Johannes 15,14 lesen wir: *„Ihr seid meine Freunde, wenn ihr tut, was ich euch gebiete."*

Zusammenfassung

Hier noch einmal eine Zusammenfassung: Die große Veränderung, die im Leben von Gotteskindern stattgefunden hat, ist die neue Geburt. Gott verändert dein Herz und die Beziehung, die du zu Ihm hast. Vorher im Fleische, in der Ungläubigkeit bestand diese aus Haß und Feindschaft, Widerspruch und Rebellion, Übertretung und Sünde. *„Wir wollen nicht, daß dieser über uns herrsche"* *(Lukas 19,14).* Das ist die Haltung jedes unerretteten Menschen.

Dann aber kam bei der Wiedergeburt der wunderbare Eingriff durch den Heiligen Geist. Gott pflanzte dir etwas Göttliches, eine neue Gesinnung ins Herz, so daß du Teilhaber der göttlichen Natur wirst. Auf einmal merkst du, daß du verändert bist, weil du anfängst, das Gebot Gottes zu lieben und mit Freuden danach zu leben. Wir sind nun wirklich eine *„neue Schöpfung" (2. Korinther 5,17),* die nach Gott geschaffen ist. Ich glaube, daß an diesem Punkt der Unterschied zwischen der Gemeinde Jesu und den Menschen in der Welt klar erkennbar sein sollte. Natürlich ist es erschreckend und bedrückend zu sehen, wie die Sünde mehr und mehr zunimmt und sich die Menschen in ihrer Verblendung und Verlorenheit immer weiter von Gott entfernen.

Unsere Aufgabe als Kinder Gottes ist es aber nicht, mit erhobenem Zeigefinger durch die von Gott abgefallene Welt zu laufen und dabei empört zu sein, wie schrecklich jeder die

Gebote Gottes mißachtet. Unser Ziel sollte statt dessen sein, selbst vom Heiligen Geist umgestaltete Menschen zu werden, auf deren erneuertem Herzen das Gesetz Gottes geschrieben steht, wodurch wir Freude daran haben, über Seine Gebote nicht nur nachzudenken, sondern sie in allen Facetten auch auszuleben. Leider besteht dabei auch die Gefahr, auf die uns Jesus hinwies, daß wir nämlich am Buchstaben des Gesetzes festhalten, anstatt die tiefere Bedeutung des Gebotes zu verstehen und zu befolgen.

Für uns ist deshalb Gesetz und Gnade kein Widerspruch. Die unbedingte Betonung der Gnade für Christ-werden (Bekehrung und Wiedergeburt) und Christ-bleiben (Heiligung) macht das Gesetz nicht überflüssig, im Gegenteil. Wir erkennen doch nur durch das Gesetz, daß wir vor Gott nicht bestehen können und Seine Gnade bitter nötig haben. Das Gesetz gibt Erkenntnis der Sünde und treibt uns zu Christus. Dann aber leben wir als Christen aus der Gnade unseres Herrn und folgen gern Gottes Willen, den Er ja durch Seinen Heiligen Geist in Seinem Wort, im besonderen in Seinen Geboten, niedergelegt hat. Und wenn wir im ständigen Kontakt mit Gott bleiben, wird auch uns der Heilige Geist *„in alle Wahrheit leiten" (Johannes 16,13; LÜ '84)* und uns davor bewahren, *„weder zur Rechten noch zur Linken abzuweichen" (5. Mose 5,32; Josua 1,7; 23,6).*

Das Doppelgebot der Liebe[10]

„Du sollst den HERRN, deinen Gott, lieben von ganzem Herzen, von ganzer Seele und von ganzem Gemüt. Dies ist das höchste und größte Gebot. Das andere aber ist dem gleich: Du sollst deinen Nächsten lieben wie dich selbst. In diesen beiden Geboten hängt das ganze Gesetz und die Propheten."

(Matthäus 22,37-40; LÜ '84)

Stellen Sie sich einmal folgendes vor: Sie sind mit einem Bekannten im Gespräch, und im Laufe der Unterhaltung stellt dieser die Frage, was man von einem Christen eigentlich erwarten würde. Nun überlegen Sie gemeinsam und zählen einige Dinge auf: Ein Christ sollte natürlich immer ehrlich sein und auch hilfsbereit. Dann fallen Ihnen vielleicht noch einige weitere Eigenschaften ein wie zum Beispiel: Vergebungsbereitschaft, Großzügigkeit, Toleranz und Friedfertigkeit. Und möglicherweise denken Sie so ganz für sich: „Eigentlich bin ich doch ein ganz guter Christ. Ich habe noch keinen umgebracht, sage meistens die Wahrheit und bin immer hilfsbereit. Im übrigen spende ich auch ein paar hundert Mark für Hilfslieferungen in Notgebiete." Aber ist das wirklich alles? Ist gelebtes Christentum nur Humanismus mit ein paar frommen Wörtern dazwischen? Viele denken das tatsächlich. Hat nicht Goethe schon gesagt: „Edel sei der Mensch, hilfreich und gut"? Ist das nicht das Entscheidende? Ist es nicht viel wichtiger, wie ein Mensch lebt, und eher zweitrangig, was er glaubt?

Das höchste Gebot

In der Bibel wird uns allerdings berichtet, daß eines Tages ein Pharisäer zu Jesus kam und Ihn fragte: *„Meister, welches ist das höchste Gebot im Gesetz?"* (Matthäus 22,36; LÜ '84). Darauf antwortete ihm Jesus: *„Du sollst den HERRN, deinen Gott, lieben von ganzem Herzen, von ganzer Seele und von*

---

[10] Fernsehpredigt vom 08. 11. 1998

ganzem Gemüt. Dies ist das höchste und größte Gebot. Das andere aber ist dem gleich: Du sollst deinen Nächsten lieben wie dich selbst. In diesen beiden Geboten hängt das ganze Gesetz und die Propheten" (Matthäus 22,37-40; LÜ '84).

Jesus stellt der Nächstenliebe also noch eine andere Liebe voran, nämlich die Liebe zu Gott. Das *„höchste und größte Gebot"* heißt bei Ihm: *„Du sollst den HERRN, deinen Gott, lieben."* Das ist nun keine neue Erfindung Jesu, sondern dieses Gebot gab es schon im Alten Testament, zum Beispiel in 5. Mose 6,5; 10,12 und 30,6. „Aber wie kann ich denn Gott lieben?", fragen Sie vielleicht. „Und was heißt es überhaupt, Gott zu lieben?" Diese Fragen sind völlig berechtigt, denn wir Menschen sind gar nicht in der Lage, aus uns selbst heraus Gott zu lieben. Liebe, die Gott angemessen ist, die haben wir gar nicht. Darum gibt Gott jedem Menschen, der sich zu Ihm bekehrt, Seine eigene Liebe ins Herz. Paulus formuliert es im Römerbrief so: *„Die Liebe Gottes ist durch den Heiligen Geist in unsere Herzen ausgegossen" (Römer 5,5).* Das heißt: Jeder Mensch, der mit Gott ein neues Leben beginnen durfte, hat die Liebe Gottes in seinem Herzen. Und diese von Gott aus Gnaden geschenkte Liebe gibt uns die Möglichkeit, Gott zu lieben. Erst wenn Gott uns mit Seiner Liebe beschenkt hat, können wir Ihm Liebe zurückgeben und somit *„das höchste und größte Gebot",* wie Jesus es nennt, in die Tat umsetzen.

Gott lieben – wie geht das?

Aber was heißt es nun, wenn Jesus spricht: Liebe Gott *„von ganzem Herzen, von ganzer Seele und von ganzem Gemüt"*? Es bedeutet, daß wir Gott mit allem, was wir sind, mit unserer ganzen Person lieben sollen. Das beginnt damit, daß wir Ihm unser Leben anvertrauen und sich unsere Prioritäten zu Ihm hin verändern. Dann können z.B. weder Reichtum noch Karriere die Hauptsache unseres Lebens sein, sondern Gott, der Herr hat den ersten Platz in unserem Leben. Gott zu lieben heißt auch,

Seinem Wort Vertrauen entgegenzubringen und es als wahr und verbindlich anzunehmen. Es mag sein, daß man nicht alles sofort verstehen kann. Aber wer Gott liebt, vertraut Ihm, daß Er zunehmend auch Einsicht und Verständnis über die Dinge der Heiligen Schrift gibt, die mir zur Zeit noch unklar scheinen. Und es ist durchaus nicht so, daß man beim Lesen der Bibel seinen Verstand ausschalten oder abgeben müßte – im Gegenteil. Ich kann Ihnen versichern, daß Gott beim Studium der Heiligen Schrift immer wieder Einsicht und Verständnis gibt und persönlich in unseren Alltag hineinspricht.

Nächstenliebe als Konsequenz

Wenn wir nun aus Liebe zu Gott Sein Wort als Richtschnur für unser Leben annehmen, stellen wir fest, daß Jesus nicht bei dem Gebot, als erstes Gott zu lieben, stehen bleiben, sondern Er fügt hinzu: *„Das andere ist dem gleich: Du sollst deinen Nächsten lieben wie dich selbst" (Matthäus 22,39; LÜ '84).* Und auch hier zitiert Jesus ein Gebot, das Gott schon im Alten Testament (in 3. Mose 19,18) dem Volk Israel gegeben hatte. Jesus wiederholt also das Doppelgebot der Liebe aus dem Alten Testament, das erstens in der Liebe zu Gott besteht und zweitens in der Liebe zum Mitmenschen. Diese Zweiteilung finden wir bereits in den Zehn Geboten: In den ersten Geboten geht es um die Liebe zu Gott, z.B.: *„Ich bin der HERR, dein Gott. Du sollst keine anderen Götter neben mir haben" (2. Mose 20,2a+3).* Oder: *„Du sollst den Namen des HERRN, deines Gottes, nicht mißbrauchen" (2. Mose 20,7 LÜ '84).* In der zweiten Hälfte der Zehn Gebote spricht Gott dann davon, wie wir uns unseren Mitmenschen gegenüber verhalten sollen, z.B.: *„Du sollst nicht töten, nicht ehebrechen, nicht stehlen, nicht lügen, nicht begehren" (2. Mose 20,13-17).*

Ich hatte zu Beginn aufgezählt, was man zum Beispiel von einem Christen erwartet: Ehrlichkeit, Hilfsbereitschaft, Friedfertigkeit usw. Solche Erwartungen sind richtig. Ja, Gott möchte, daß wir so leben. Praktizierte Nächstenliebe ist somit der Beweis für die Echtheit eines Christen. Jesus setzt das Gebot, den Nächsten zu lieben, auf eine Stufe mit der Aufforderung, Gott zu lieben. Wer meint, daß es reicht, nur an Gott zu glauben, hat keinen lebendigen Glauben. Im Jakobus-Brief heißt es ganz drastisch: *„So ist auch der Glaube, wenn er keine Werke hat, in sich selbst tot" (Jakobus 2,17).*

Andererseits reicht es aber auch nicht, nur den Nächsten zu lieben und sich um die Liebe zu Gott nicht zu kümmern. Dies wäre lediglich sozialer Aktivismus. Denn das innere Leben vor Gott geht immer dem äußeren Leben vor Menschen voran. Wenn das Leben eines Menschen vor Gott nicht stimmt, stimmt auch die Beziehung zum Nächsten nicht. Wer den lebendigen Gott nicht ehrt, der ehrt auch die Menschen nicht. Wer sich an Menschen versündigt, der hat sich bereits vorher an Gott versündigt. Wer Menschen gegenüber ungerecht wird, der ist vorher schon gottlos geworden. Wer seine Gewissensbindung Gott gegenüber verloren hat, hat auch Menschen gegenüber kein Gewissen mehr. Das gilt auch für ganze Gesellschaften. Je gottloser ein Land wird, desto brutaler und rücksichtsloser gehen die Menschen miteinander um. Wenn aber unser Grundverhältnis zu Gott in Ordnung ist, dann wohnt die Liebe Gottes in unseren Herzen und wir lieben auch unseren Nächsten.

Gott möchte also beides. Er möchte, daß wir Ihn von ganzem Herzen lieben. Zum anderen soll diese Liebe aber genauso unseren Nächsten erreichen. Wünschen Sie sich mehr Liebe zu Ihrem Nächsten? Dann versuchen Sie es nicht mit guten Vorsätzen, sondern bitten Sie Gott um diese Liebe, mit der Sie zuerst Ihn und zugleich auch Ihre Mitmenschen lieben können. Gott schenke es Ihnen!

Präambel: Ich bin der Herr, dein Gott[11]

„Ich bin der HERR, dein Gott, der ich dich aus dem Land Ägypten, aus dem Sklavenhaus herausgeführt habe."

(2. Mose 20,1-2)

Diesen Einleitungssatz zu den Zehn Geboten kann man durchaus auch als „Präambel" bezeichnen, die ja normalerweise eine offizielle Einleitung zu weltlichen Staatsverträgen oder Verfassungen ist. In unserer biblischen Präambel zu dem Gesetz Gottes, den Zehn Geboten, stellt sich Gott zunächst einmal vor.

Gebote – von Gott Seinem Volk gegeben

Wir erfahren also aus ihr, daß die Gebote von Gott selbst Seinem Volk gegeben wurden. Sie sind nicht die Erfindung von Menschen, stammen weder von Psychologen noch von Mitgliedern einer Ethik-Kommission; nein, der Verfasser ist der lebendige Gott selbst.

In unserem Vers sagt Gott, daß Er „Jahwe" ist – oder auch „Jehova", wie manche Bibeln übersetzen[12]. Dieser Name heißt *„Ich bin der Herr"* oder *„Ich bin, der ich bin"*. Daß im hebräischen Grundtext der Name „Jahwe" zu finden ist, erkennt man im deutschen Text meist an großgeschriebenen Buchstaben, also an „HErr" oder auch „HERR".

---

[11] Predigt vom 16. 08. 1998

[12] Damit ist nicht die Bibel der „Zeugen Jehovas" gemeint. Vielmehr ist „Jehova" ein Kunstwort, das auf einem mittelalterlichen Mißverständnis beruht. Um den Gottesnamen besonders zu ehren, vermied das nachbiblische Judentum die Aussprache des Gottesnamens Jahwe. Als man im frühen Mittelalter den Texten der hebräischen Bibel Vokalzeichen (kleine Punkte und Striche; Hebräisch hat wie auch Arabisch keine Buchstaben für die Vokale) für die Aussprache beifügte, setzte man zu den Konsonanten des Gottesnamens JHWH die Vokale des hebräischen Wortes für „Herr". Dies sollte den Leser daran erinnern, nicht den Gottesnamen, sondern „Herr" – hebräisch „Adonai" – zu sprechen.

Bevor Gott Seinem Willen für Sein Volk Ausdruck gab, machte Er also zuerst ganz klar, wer Er ist: Er ist der Herr, der Gott des Bundes, der Sein Volk aus der Knechtschaft in Ägypten in die Freiheit führte. Mit keinem anderen Volk schloß Gott einen solchen Bund, keinem anderen Volk gab Er selbst Gesetze, obwohl Er einmal auch alle anderen Völker auf der Rechtsgrundlage der Zehn Gebote richten wird. Insofern ist dieser Bund in Form der Zehn Gebote ein besonderes Eigentum und ein großer Schatz für das Volk Israel. Wie wir wissen, wurden die Gesetzestafeln in der Bundeslade aufbewahrt und begleiteten die Israeliten bis an ihr Ziel ins verheißene Land Kanaan.

Die Gebote, die Mose auf dem Berg Sinai empfing, waren in zwei Bereiche aufgeteilt: Auf der ersten Steintafel waren die Gebote aufgezeichnet, die die Beziehung zwischen Gott und den Menschen regelten, auf der zweiten Tafel ging es um das Verhältnis der Menschen untereinander.

Leider hört man heute oft: „Die Gebote als solche respektiere ich natürlich, sofern sie das gesellschaftliche Miteinander betreffen. ,Du sollst nicht stehlen', kann ich unterschreiben. ,Du sollst keine anderen Götter haben neben mir', geht mir aber doch zu weit!" Gebote, die zur Mitmenschlichkeit und Nächstenliebe auffordern, werden also noch anerkannt, zumal wir sie auch in etwa in unserem Grundgesetz wiederfinden. Wenn es aber um die Gebote auf der ersten Tafel geht, sieht das schon ganz anders aus. Gott zu ehren, Ihm allein zu dienen, Seinen Namen zu achten, Ihn anzubeten – von diesen Aufforderungen wollen die meisten Menschen nichts mehr wissen.

Gott läßt es aber nicht zu, daß man Seine Gebote teilt, denn wer eine Mauer nur an einer Stelle übersteigt, hat die ganze Mauer überstiegen. Wer sagt, daß er Gott von ganzem Herzen liebt, und somit die Gebote der ersten Tafel erfüllt, aber nicht zugleich seinen Nächsten liebt, hat, obwohl er Gott mit den Lippen ehrt, das ganze Gebot gebrochen (vgl. Jakobus 2,10). Das gleiche gilt für jemanden, der nicht an Gott glaubt und Ihn sogar leugnet, dafür aber seinem Nächsten stets hilfreich zur Seite steht – auch dieser Menschenfreund ist ein Übertreter des Gesetzes. Alle Gebote sind von Gott, einerlei von welcher Tafel sie stammen!

Erst Gnade, dann Gesetz

Aus unserem Einleitungsvers erfahren wir, wann Gott Seine Gebote gegeben hat. Wir lesen noch einmal: *„Ich bin der HERR, dein Gott, der ich dich aus dem Land Ägypten, aus dem Sklavenhaus herausgeführt habe."* Gott erinnerte Sein Volk also zuerst, bevor Er die Gebote gab, an die Tatsache, daß Er es war, der Israel aus der Knechtschaft in Ägypten befreite. Man kann demzufolge sagen: **Bevor Gott das Gesetz gab, erwies Er zuerst Seine große Gnade an Seinem Volk!**

Als erstes erlöste Gott Seine Auserwählten aus der Sklaverei und Unterdrückung in Ägypten, und danach beschenkte Er sie mit dem Gesetz. Zuerst gab Gott die Freiheit und anschließend Seine Gebote. Deswegen nennt Jakobus die **Zehn Gebote** auch **„das Gesetz der Freiheit"**, wie wir in seinem Brief in Kapitel 1, Vers 25 sehen: *„Wer aber in das vollkommene Gesetz der Freiheit hineinschaut und dabei geblieben ist, indem er nicht ein vergeßlicher Hörer, sondern ein Täter des Wortes ist, der wird in seinem Tun glückselig sein."*

Der Bibel nach ist das Gesetz Gottes also nicht ein Gesetz der Enge, Härte oder Gebundenheit, sondern es ist ein Gesetz der Freiheit. Diesen Ausdruck gebraucht der Apostel auch in seinem zweiten Kapitel in Vers 12. Gesetz und Freiheit sind also kein Widerspruch, im Gegenteil. Wer das Gesetz aufheben will, um dadurch frei zu sein, beschwört die Sklaverei geradezu herauf.

Es ist sehr wichtig festzuhalten, daß Gott das Gesetz nicht als Bedingung für die Errettung Israels gab, wie man vielleicht annehmen würde. Er sagte nicht während der Sklavenzeit in Ägypten zu Seinem Volk: „Ich gebe euch jetzt das Gesetz. Und wenn ihr nach dem Gesetz tut und alles erfüllt, werde Ich euch als Belohnung über das Rote Meer hinaus in die Freiheit führen." Statt dessen handelte Gott gnädig und erwählend an Seinem Volk, ohne jegliche Vorbedingung, und vollbrachte zuerst eine Heilstat. Und danach, als die Israeliten in Freiheit waren, gab Er ihnen die Gebote. Freiheit und Gesetz gehören also zusammen.

Wenn Paulus zu den Kindern Gottes sagt: „Wir sind nicht mehr unter dem Gesetz, wir sind frei vom Gesetz" (vgl. z.B. Römer 7,6), meint er natürlich nicht die Beseitigung des Gesetzes, sondern spricht davon, daß wir frei von der Verurteilung durch das Gesetz sind, weil Christus sie auf sich genommen hat. Luther drückt dies folgendermaßen aus: „Denn Christus hat uns vom Fluch, nicht vom Gehorsam des Gesetzes befreit."[13]

Der Bibel nach ist das Gesetz Gottes also ein Bestandteil der Freiheit, in der wir leben dürfen. In Psalm 119,32 lesen wir dementsprechend: *„Den Weg deiner Gebote werde ich laufen, denn du machst mir das Herz weit."* In Vers 45 heißt es: *„ Und ich werde wandeln in weitem Raum, denn nach deinen Vorschriften habe ich geforscht."* In Sprüche 4,11-12 lesen wir: *„Im Weg der Weisheit unterweise ich dich, lasse dich gehen auf geraden Bahnen. Wenn du gehst, wird dein Schreiten nicht beengt sein, und wenn du läufst, wirst du nicht stürzen. Halte fest an der Zucht, laß nicht ab! Wahre sie, denn sie ist dein Leben."*

Auch wir als Kinder Gottes wurden zuerst aus der Sklaverei der Sünde herausgeführt und vom Heiligen Geist von neuem geboren. Deswegen ist auch für uns das Gesetz selbst in seiner engsten Form ein Geschenk Gottes an Sein erlöstes und wiedergeborenes Volk. Wer dagegen nach eigenem Gutdünken und seinen eigenen Gesetzen leben möchte, lebt in Wahrheit nur

---

[13] Zitiert nach: Thomas Schirrmacher. Gesetz und Geist – eine alternative Auslegung des Galaterbriefes. RVB: Hamburg, 1999. S. 7

unter der Herrschaft seiner Triebe. Wer aber unter der Ordnung Gottes lebt, erhält die Freiheit zum Leben.

Damit mich niemand mißversteht: Wir wissen, daß das Gesetz kein Heil und kein geistliches Leben schaffen kann (Römer 8,3a). Deshalb muß Gott ja auch zuerst Gnade schenken und durch Seinen Heiligen Geist den Sünder zu neuem Leben erwecken. Man kann also insofern durchaus sagen, daß die Gnade älter ist als das Gesetz.

Deswegen erklärt Paulus in Galater 3,17: *„Einen vorher von Gott bestätigten Bund"* – das ist der Bund der Gnade mit Abraham – *„macht das vierhundertdreißig Jahre später entstandene Gesetz nicht ungültig, so daß die Verheißung unwirksam geworden wäre."* Das heißt mit anderen Worten: Die Liebe, Gnade und Barmherzigkeit Gottes war vor dem Gesetz da.

Es ist also nicht so, wie manche Leute denken: „Weil die Menschen unfähig waren, das von Gott gegebene, schwere Gesetz zu erfüllen, mußte Er sich einen neuen Plan ausdenken, wie Er sie dennoch erretten konnte, und erfand dann das Evangelium." Es ist ein absolutes Mißverständnis, wenn man davon ausgeht, daß Gott zuerst ein Gott des Zorns und der Härte war, der sich schließlich gezwungenermaßen in einen Gott der Liebe verwandelte. Gott war schon immer ein Gott der Liebe, der Sein Volk ohne Vorbedingung aus der Sklaverei und Unterdrückung erlöste und es mit neuem Leben in Freiheit beschenkte.

Das von Gott geschenkte Leben gestalten

In dieses neue Leben hinein gab Gott dann die Zehn Gebote, die zeigen, wie man das geschenkte Leben zu seinem eigenen Wohlergehen gestalten kann. Das neue Leben, das Gott dir aus Gnade geschenkt hat, darfst du jetzt unter Seiner Führung gestalten. Du hast die Erlaubnis bekommen, mit Gott zu leben. Und nun möchte Gott, daß dieses Leben durch den Heiligen Geist auch ein erfülltes und glückliches Leben wird.

Deswegen sagt Sprüche 4,4: *„Dein Herz halte meine Worte fest! Beachte meine Gebote und lebe!"* Hesekiel spricht von den Ordnungen des Herrn, die zum Leben sind. Weil die Gebote enthalten, was dem Leben förderlich ist, sind sie eine Wohltat Gottes. Wer also den Geboten Gottes entsprechend lebt, lebt in einem erfüllten Leben.

Diese Wahrheit finden wir an vielen Stellen der Bibel[14], so auch bei Paulus in Römer 10,5: *„Der Mensch, der diese Dinge getan hat, wird durch sie leben."* Wir wissen, daß der Apostel hier nicht vom ewigen Leben spricht, sondern von einem von Gott gesegneten Leben. Bei einigen der Zehn Gebote finden wir darum bereits die daraus resultierende Verheißung, so auch im 5. Gebot, in dem es heißt: *„Ehre Vater und Mutter, damit deine Tage lange währen in dem Land, das der HERR, dein Gott, dir gibt."*

Gottes Motiv und Ziel mit den Geboten

Was also war das Motiv Gottes für die Gebote? Natürlich wollte Gott im Gesetz Seine Gerechtigkeit und Heiligkeit offenbaren. Seine Gebote sollen aber zugleich eine Wohltat für Seine Kinder sein, damit sie wissen, wie sie ihr Leben im Sinne Gottes segensreich gestalten können. Sein Hauptmotiv ist also Liebe.

Aus Liebe zu Seinem Volk gab Gott das Gesetz. Die Bibel sagt: *„Der Herr, dein Gott, wird dich zum höchsten über alle Völker auf Erden machen"*, und die Begründung lautet: *„wenn du nun der Stimme des HERRN, deines Gottes, gehorchen wirst, daß du hältst und tust alle seine Gebote, die ich dir heute gebiete"* (5. Mose 28,1; vgl. auch 26,16-19; 4,8+32-34; Psalm 147, 19-20; Römer 3,1-2). Gott liebt Sein auserwähltes Volk, und Er liebt auch Seine erlöste Gemeinde. Aus diesem Grund

---

[14] Vgl. 3. Mose 18,5; 5. Mose 5,33; 6,2+24; 8,1; 30,16; Nehemia 9,29; Sprüche 6,23, 7,2; 19,16; Apostelgeschichte 7,38b; Römer 7,10

gab Er uns Seine Gebote, wie wir in 1. Johannes 5,3 lesen: *„Denn dies ist die Liebe Gottes, daß wir seine Gebote halten."* Wenn Gotteskinder in Seinen Wegen leben und nach Seinem geoffenbarten Willen handeln, ist das ein Ausdruck der Liebe Gottes.

Und was ist das Ziel der Gebote? Timotheus beantwortet diese Frage in seinem ersten Brief in Kapitel 1, Vers 5 wie folgt: *„Das Endziel der Weisung [= des Gebotes] aber ist Liebe aus reinem Herzen und gutem Gewissen."* Liebe war also nicht nur das Motiv für die Gebote Gottes, sondern auch deren Ziel. Deswegen fordert uns Paulus auf: *„Seid niemand irgend etwas schuldig, als nur einander zu lieben; denn wer den anderen liebt, hat das Gesetz erfüllt"* (Römer 13,8).

Darum können die Gebote niemals mit der Liebe in Konflikt geraten. Wenn jemand meint: „Laß mich in Ruhe mit den Geboten, ich lebe nach dem Gebot der Liebe!", ist dies ein Widerspruch in sich. Die Liebe ist niemals ein gegen die anderen gerichtetes Gebot, sondern man kann sagen, daß die Zehn Gebote Ausführungsbestimmungen für das Gebot der Liebe sind. Wenn du z.B. eingeladen wirst, deinen Vater und deine Mutter zu ehren, den anderen nicht zu belügen und zu bestehlen und nicht die Frau deines Mitmenschen zu begehren, ist das alles ein Aufruf zur Liebe. Die zusammenfassende Überschrift über alle Gebote lautet also Liebe (vgl. Römer 13,8-10).

In diesem Sinn schreibt Paulus auch in Galater 5,22-23: *„Die Frucht des Geistes aber ist: Liebe, Freude, Friede, ... Gegen diese ist das Gesetz nicht."* Die Liebe ist also nicht gegen das Gesetz und das Gesetz nicht gegen die Liebe, sondern das Gesetz ist Liebe. Wahre Liebe, die von Gott kommt, wird durch uns immer im Rahmen Seiner Gebote zum Ausdruck gebracht.

Nicht wir definieren aus unserem subjektiven Empfinden heraus, was Liebe ist, sondern Gott definiert dies in Seinen Geboten. Und wenn wir sie befolgen und in ihnen leben, sind wir Menschen, die praktisch Liebe üben. Das meint auch Jesus, wenn Er in Johannes 14,15 sagt: *„Wenn ihr mich liebt, werdet ihr meine Gebote halten"*, weil die Gebote und die Liebe identisch sind. Liebe ist Sinn und Inhalt der Gebote, und darum bedeutet Liebe, die Gebote ernst zu nehmen.

Matthäus 24,12 drückt diesen Zusammenhang so aus: *„Wenn die Gesetzlosigkeit überhand nimmt, wird die Liebe der meisten erkalten."* Je gesetzloser unsere Gesellschaft wird, desto gemeiner, rücksichtsloser, gewalttätiger und liebloser wird der Mensch. Aber da, wo ein Volk das Gebot Gottes im Herzen hat, fängt es an zu lieben, und zwar sowohl Gott selbst als auch seinen Nächsten.

Das vergißt auch die Christenheit so manches Mal, wenn man unter Liebe nur noch ein gutes Gefühl versteht. Jemand sagte einmal zu mir: „Man kann doch Liebe nicht befehlen!" Das ist richtig, wenn sie nur eine sentimentale Stimmung ist. Wenn Liebe ihren Ausdruck aber in der Tat findet, indem ich nämlich Gottes Gesetz tue, kann ich sie schon befehlen. Deswegen schreibt Gott auch in Seinen Geboten : „Du sollst ..." Und Jesus sagt: *„Ein neues Gebot gebe ich euch, daß ihr euch untereinander liebt ..."* (Johannes 13,34 LÜ '84).

Natürlich will ich damit nicht sagen, daß Liebe nicht auch von Gefühlen begleitet ist. Aber wenn man die Emotion für das Wesen der Liebe hält, ist das auf jeden Fall zu wenig und entspricht nicht dem Willen Gottes. So schreibt Johannes in seinem ersten Brief, Kapitel 3, Vers 18 *„Kinder, laßt uns nicht lieben mit Worten noch mit der Zunge, sondern in Tat und Wahrheit."* Liebe ist Gehorsam, und gehorsam zu sein bedeutet, den im Gesetz geoffenbarten Willen Gottes zu tun.

Wir sehen also, daß eine tätige Liebe das Wesen und die Erfüllung des Gesetzes ausmacht. Aus diesem Grunde – weil Gott es so gut mit uns meint und uns so sehr liebt – löste Er das Gebot nicht auf, sondern richtete es statt dessen auf. Und wenn wir in der praktischen Ausübung der Gebote Fehler machen, dürfen wir uns mit unserer Schwäche ganz auf Jesus werfen, der für unsere Sünde Sein Blut am Kreuz vergossen hat.

Ich möchte schließen mit ersten aus Psalm 119: *„Glücklich sind, die im Weg untadelig sind, die im Gesetz des HERRN wandeln. Glücklich sind, die seine Zeugnisse bewahren, die ihn von ganzem Herzen suchen. Die auch kein Unrecht tun, die auf seinen Wegen wandeln! Du hast deine Vorschriften geboten, daß man sie eifrig beobachte. Oh, daß doch meine Wege beständig wären, um deine Ordnungen zu halten! Dann werde ich nicht beschämt werden, wenn ich beachte alle deine Gebote"* *(Psalm 119,1-6).*

1. Gebot: Du sollst keine anderen Götter haben neben mir[15]

„Du sollst keine andern Götter haben neben mir"

(2. Mose 20,3).

Bei der Betrachtung der Zehn Gebote fällt auf, daß diese nicht vage an eine Allgemeinheit gerichtet sind, sondern daß Gott ganz konkret dich persönlich anspricht. So heißt es nicht: „Ihr sollt ...", sondern: „Du sollst ...". So heißt es auch im ersten Gebot, das wir uns jetzt näher ansehen wollen: *„Du sollst keine anderen Götter haben neben mir."*

Aus dem Wörtchen *„neben"* geht hervor, daß dieses Gebot für Menschen gilt, die ihren Gott bereits kennen. Wörtlich könnte man auch übersetzen: *„Du sollst keine anderen Götter haben* **mir ins Angesicht***"* oder *„vor meinem Angesicht."*[16] Wie wir wissen, wurde das Gesetz dem Volk Israel ja erst gegeben, als es aus der Sklaverei in Ägypten befreit war. Die Israeliten hatten Gott also schon auf wunderbare Art und Weise kennengelernt.

Wenn Gott Seinem auserwählten Volk nun diese Anweisung erteilt, geht es Ihm nicht darum, daß sie an Seiner Statt womöglich einen anderen Gott oder Götter hätten haben können, sondern darum, daß sie niemandem neben und außer Ihm verehren sollten.

Diese Gefahr, die in Israel durchaus bestand, können wir auch heute bei uns Christen finden. Wir werden als wiedergeborene Kinder Gottes unseren Herrn Jesus Christus nicht gegen einen Götzen eintauschen wollen; aber wir haben dennoch das Problem, daß auch unser Herz oft genug nicht ungeteilt auf Ihn gerichtet ist.

---

[15] Predigt vom 30. 08. 1998

[16] Die gleiche hebräische Formulierung in einem inhaltlichen sehr ähnlichen Zusammenhang findet sich auch in Jesaja 65,3 und Jeremia 6,7.

Warum keine anderen Götter?

Jemand sagte einmal zu mir: „Ihr Gott muß ja ein ziemlich eifersüchtiger, empfindlicher und neidischer Typ sein, wenn er keinerlei Konkurrenz neben sich duldet!" Ist das so? Ist das wirklich die Motivation Gottes, wenn Er im ersten Gebot diese Forderung aufstellt? Wir finden die Annahme meines Gesprächspartners auf den ersten Blick bestätigt, da die Bibel sowohl im nachfolgenden Gebot als auch noch an anderen Stellen davon spricht, daß Gott ein eifersüchtiger Gott ist. Aus dem Gesamtzusammenhang des Wortes Gottes geht aber auf den zweiten Blick hervor, daß Gott weder empfindlich noch so ich-bezogen ist, daß Er niemanden anders neben sich dulden könnte.

Seine Motivation für die Forderung des ersten Gebotes resultiert vielmehr aus Seiner Wahrhaftigkeit. Es ist die absolute Wahrheit, daß es nur einen einzigen Gott gibt und keinen anderen außer Ihm. In dem Moment, in dem sich jemand einen zweiten Gott aufbaut, fängt er an, der Lüge zu dienen. Weil Gott aber Wahrheit ist, muß Er verbieten, was nicht der Wahrheit entspricht.

Wenn sich die Menschheit trotzdem andere Götter gemacht hat, entspringt das ihrer eigenen Einbildung und gefallenen Natur. Aus der objektiven Sicht Gottes aber gibt es nur einen einzigen Gott, der Er selber ist. Das lesen wir auch in Jesaja 45,5, wo es heißt: *„Außer mir gibt es keinen Gott."* Gott kann sich einfach nicht auf „Nebengötter" einlassen, weil dies nicht der Wahrheit entspricht, sondern muß statt dessen die Anerkennung und Anbetung fordern, die Ihm als dem alleinigen Gott gebührt.

Wenn es aber nur einen einzigen Gott gibt, bedeutet das für uns, daß wir vor Ihm leben sollen, der unser Schöpfer und Erretter ist. Ihm alleine sind wir Rechenschaft schuldig. Das verlangte Gott auch von Abraham, als Er zu ihm sagte: *„Wandle vor mir und sei fromm"* (1. Mose 17,1).

Stell dir vor, du würdest auf dieser Welt ganz alleine leben. Niemand sieht, was du tust und wie du dich verhältst. Niemand – außer Gott. Das klingt natürlich unrealistisch, aber es ist Wahrheit darin. Denn wir leben trotz der Milliarden Menschen um uns herum so, als wären wir mit unserem Gott alleine. Wir sind nämlich nicht in erster Linie anderen Menschen für unser Tun und Handeln verantwortlich, sondern unserem Herrn. Und vor Ihm zählt nicht das Leben, das wir optisch vor Menschen führen, sondern nur das, was wir vor Ihm ganz alleine leben. Weil das so ist, darum ist es abwegig und von Gott nicht hinnehmbar, daß wir andere Götter neben Ihm haben.

„Andere Götter" können vieles sein

„Andere Götter" können vieles sein. Ich denke da z.B. an Geld und Besitz, an den Ehepartner, auch an Freunde, Idole, Musik, Kunst, Hobby, Sport, Arbeit, und auch ich selbst kann mir genug sein. Wenn unser Herz zu sehr an diesem allen hängt, kann das schwerwiegende negative Folgen haben. Leidest du z.B. unter Sorgen und Ängsten, die dir sogar schlaflose Nächte bereiten? Dann mag es sein, daß dies mit dem ersten Gebot zusammenhängt. Du klammerst dich so sehr an Menschen und Dinge, als ob sie dein Gott sind. Dich quälen Ängste, deine Kinder, dein Geld, deine Ehre, deinen Mann oder deine Gesundheit zu verlieren so sehr, als müßtest du den lebendigen Gott verlieren. Hier haben wir es mit Götzendienst zu tun.

Laß mich dir das an einem Beispiel näher erklären: Ein Christ wohnte in einer sehr ruhigen Gegend und genoß sein idyllisches Landleben. Eines Tages aber hörte er von Plänen, daß direkt hinter seinem parkartigen Grundstück eine Fernstraße gebaut werden sollte. Diese Information versetzte ihn in Panik. Er dachte sofort an die Wertminderung seines Grundstückes und fand bereits jetzt wegen der zu erwartenden Lärmbelästigung keine Ruhe mehr, obwohl die geplante Straße frühestens in fünf Jahren realisiert werden konnte. Diese Gedanken quälten diesen Mann so lange, bis Gott ihm zeigte, daß die Unruhe und Sorgen nur aus seinem verspannten Verhältnis zu seinem Grundbesitz kamen, den er nicht loslassen konnte. Ich frage nun: Wäre es wirklich so schlimm, selbst wenn er alles verlieren würde? Wie reagiert ein Christ, wenn er von Verlust heimgesucht wird?

Hiob sagte: *„Der HERR hat's gegeben, der HERR hat's genommen. Der Name des HERRN sei gelobt"* (Hiob 1,21; LÜ '84). Die eigentliche Frage, die hinter meinem Beispiel steckt, ist: Worauf ist unser Leben wirklich gegründet? Auf Gott allein oder auch noch auf andere Dinge, die wir verkrampft festhalten? Wenn uns diese dann aus irgendwelchen Gründen genommen werden oder in Gefahr sind, kommen schlaflose Nächte und Panik macht sich breit.

Abraham als Vorbild

Mir ist in diesem Zusammenhang Abraham ein ganz großes Vorbild geworden. Als er seinen Neffen Lot aus der Gefangenschaft befreite, bot ihm der König von Sodom an, die Güter zu behalten, die Abraham in dem Befreiungskampf ebenfalls wieder erobert hatte. Abraham aber antwortete: *„Ich hebe meine Hand auf zu dem HERRN, dem höchsten Gott, der Himmel und Erde geschaffen hat, daß ich von allem, was dein ist, nicht einen Faden noch Schuhriemen nehmen will"* (1. Mose 14,22-23; LÜ '84).

Ich bin sicher, daß dieses Verhalten für Gott eine große Freude war, denn im folgenden Kapitel lesen wir direkt in Vers 1, wie Er Abraham ermutigt: *„Fürchte dich nicht, ich bin dein Schild und dein sehr großer Lohn"* (1. Mose 15,1; LÜ '84). Gott sagt also, daß Er selbst der Lohn sein will, der dem Abraham zuteil werden wird.

Das erinnert mich an einen Lebensbericht, den ich vor einiger Zeit las. Der bekannte Missionar Charles Studd war in jungen Jahren ein berühmter Kricketspieler gewesen und dazu noch Erbe eines Millionenerbes. Dann aber wurde er von Gott berufen, das Evangelium vollzeitlich zu verkündigen, und er heiratete ein Mädchen aus der Heilsarmee. Bei der Hochzeit war auf ihr Brautkleid wie auf eine Schärpe aufgestickt: „Vereint zum Kampf für Jesus." Zuerst gingen die beiden in den Missionsdienst nach China, später nach Afrika. Bevor sie aber ihren Dienst antraten, verschenkte Charles Studd sein gesamtes Vermögen!

Damit das niemand mißversteht: Natürlich muß man als Christ nicht seinen ganzen Besitz weggeben, wenn man das erste Gebot befolgen will. Eine solche Forderung finden wir weder in der Bibel, noch ist sie jemals von Charles Studd gepredigt worden. Es geht aber um die Frage unseres inneren Verhältnisses zu Geld und Besitz. Und in diesem Punkt kann uns dieser Bruder nur ein Vorbild sein.

An ihm sehen wir, daß es kein wirklicher Verlust ist, selbst wenn man ein solch großes Vermögen weggibt. Wir sollten als Christen alles verlieren können, solange Gott noch unser Teil ist. Nur wenn wir Ihn verlieren würden, hätten wir wirklich einen echten, unermeßlich schweren Verlust erlitten. Aber solange Er noch unser Teil ist, haben wir gar nichts verloren.

Der Psalmist drückt dies folgendermaßen aus: „*Wenn ich nur dich habe, so frage ich nichts nach Himmel und Erde. Wenn mir gleich Leib und Seele verschmachtet, so bist du doch, Gott, allezeit meines Herzens Trost und mein Teil*" (*Psalm 73,25-26; LÜ '84*). Der Dichter dieses Psalms, Asaf, hatte keinen anderen Gott neben dem Herrn. Und wenn auch du an deinem Gott genug hast und dein Herz alleine an Ihm hängt, kannst du Dinge haben oder auch nicht. Das ist für dein Leben dann absolut unwesentlich.

Diese Unabhängigkeit von äußeren Umständen können wir wiederum bei Abraham vorbildlich beobachten. Als seine und Lots Viehherden zu groß geworden waren, um gemeinsame Weideplätze zu nutzen, und es deswegen immer öfter zu Streit unter den Hirten kam, schlug Abraham seinem Neffen vor: *„Willst du zur Linken, so will ich zur Rechten, oder willst du zur Rechten, so will ich zur Linken"* (1. Mose 13,9; LÜ '84). Abrahams Herz hing nicht an Dingen, er war nicht habsüchtig, sondern überließ es Gott, welches Erbteil ihm zufallen sollte.

Wir wissen, daß Abraham sogar bereit gewesen wäre, seinen geliebten, von Gott verheißenen Sohn Isaak zu opfern, als Er dies von ihm verlangte. Er hatte keine Angst um sein Kind und plagte sich nicht mit quälenden Gedanken, was aus seinem Sohn wohl werden würde. Damit will ich nicht sagen, daß man sich seiner Familie gegenüber gleichgültig und nachlässig verhalten sollte. Natürlich haben wir Verantwortung für unsere Angehörigen und die Pflicht, uns fürsorglich um die uns anvertrauten Menschen zu kümmern. Wenn uns Gott aber unser Liebstes nimmt und wir wirklich im ersten Gebot leben, haben wir die Kraft, in unserem Leben auch Zeiten durchzustehen, in denen wir loslassen müssen. Unser Teil darf selbst dann immer noch unser Gott sein, der unser einziges Glück in dieser Welt ist.

Paulus schreibt in 1. Korinther 7,29-32 (LÜ '84): *„Die Zeit ist kurz. Fortan sollen auch die, die Frauen haben, sein, als hätten sie keine; und die weinen, als weinten sie nicht; und die sich freuen, als freuten sie sich nicht; und die kaufen, als behielten sie es nicht; und die diese Welt gebrauchen, als brauchten sie nicht. Denn das Wesen dieser Welt vergeht. Ich möchte aber, daß ihr ohne Sorge seid."*

Wenn dein Herz an Gott hängt und du allein in Ihm verankert bist, so daß du auf nichts und niemand in dieser Welt angewiesen bist als auf den lebendigen Herrn allein – welch ein Segen ist dann das erste Gebot! Wie frei und unabhängig kannst du leben! Du bist dann nicht mehr auf Umstände wie Wohlstand oder Gesundheit angewiesen. Und selbst wenn dir der liebste Mensch genommen würde, hast du es als Gotteskind, dessen Herz im ersten Gebot verankert ist, viel leichter, wieder eine Zukunft zu sehen.

Ich habe auch schon gesagt: „Ohne meine Frau könnte ich nicht leben." Nachdem ich aber über das erste Gebot tiefer nachgedacht habe, muß ich meine Aussage revidieren. Ich liebe meine Frau, und sie liebt mich. Wenn es aber wahr sein sollte, daß wir ohne einen bestimmten Menschen nicht leben können, ist dieser Mensch unser Gott, den wir neben dem wahren Gott haben. Der einzige Grund, warum wir wirklich nicht mehr leben könnten, wäre, wenn wir Gott selbst nicht mehr in unserem Herzen hätten.

Gotteskinder leben aufgrund des ersten Gebotes also ein ganz unabhängiges Leben. Sie werden starke Persönlichkeiten, die nicht von Sorgen und Ängsten bestimmt werden. Denn was geschieht, wenn du etwas oder vielleicht sogar alles verlierst? Der berühmte Missionar Jim Elliott sagte einmal ungefähr so: „Der ist klug, der verliert, was er nicht behalten kann, und das gewinnt, was er niemals mehr verlieren kann." Damit ist natürlich der lebendige Gott gemeint, der sich in Jesus Christus offenbart hat.

Ich wünsche und bete, daß diese Botschaft vor allem in das Herz von Ängstlichen fällt und in das Herz von Menschen, die unter schweren Lebensumständen zu leiden haben und sich deshalb viele Sorgen machen. Verzehre dich nicht in den Dingen dieser Welt! Du darfst dich und dein Leben ganz dem einen, lebendigen Gott anvertrauen und alles andere loslassen.

Es gibt leider auch einige Geschwister, die unglaubliche Kämpfe haben, wenn ihre Ehre verletzt wird. Für sie ist ihre Ehre ihr Gott. In einem seelsorgerlichen Gespräch wies ich einen Bruder auf diesen Punkt hin, weil ich merkte, daß er nicht vergeben konnte und bereits eine bittere Wurzel in seinem Herzen entwickelt hatte. Wißt ihr, wie seine Antwort lautete? „Bruder Wegert, ich kann mir vieles gefallen lassen, aber wenn ich verleumdet werde und meine Ehre in den Schmutz getreten wird ..." Ich bat den Mann daraufhin, in seinem Herzen zu prüfen, ob er um die Ehre Gottes genauso bemüht sei wie um seine eigene Ehre. Wie sieht das bei dir aus? Hältst du dich und deine Ehre auch für so göttlich, daß sie um keinen Preis verletzt werden darf? Vielleicht liegt da der Grund, warum du einfach nicht vergeben kannst. Dabei ist es so viel besser, Unrecht zu leiden, als Unrecht zu tun. Jesus sagt in der Bergpredigt: *„Selig seid ihr, wenn euch die Menschen um meinetwillen schmähen und verfolgen und reden allerlei Übles gegen euch, wenn sie damit lügen. Seid fröhlich und getrost; es wird euch im Himmel reichlich belohnt werden"* (*Matthäus 5,11-12; LÜ '84*). Das kann aber nur jemand, der sein Glück nicht in seiner eigenen Ehre sucht, sondern der es in der Anbetung und Verehrung Gottes findet.

So muß verletzte Ehre nicht dazu führen, daß man lebenslang gekränkt, nachtragend und verbittert durchs Leben geht, sondern wir dürfen uns freuen, daß wir unseren Herrn haben. Wer das erste Gebot befolgt, kann loslassen und Frieden haben, unabhängig von anderen Menschen. Der Glücklichste ist der, dem sein Gott alles in allem ist. Das schenke dir der treue Herr durch Seinen Heiligen Geist, so daß du Ängste und Sorgen hinter dir lassen kannst und echte Freude und tiefen Frieden findest. In Jesu Namen.

2. Gebot: Du sollst dir kein Bildnis machen[17]

„Du sollst dir kein Götterbild machen, auch keinerlei Abbild dessen, was oben im Himmel oder was unten auf der Erde oder was in den Wassern unter der Erde ist. Du sollst dich vor ihnen nicht niederwerfen und ihnen nicht dienen. Denn ich, der HERR, dein Gott, bin ein eifersüchtiger Gott, der die Schuld der Väter heimsucht an den Kindern, an der dritten und vierten Generation von denen, die mich hassen, der aber Gnade erweist an Tausenden von Generationen von denen, die mich lieben und meine Gebote halten." (2. Mose 20,4-7)

Das zweite Gebot ist das einzige, das neben einer Verheißung auch eine Drohung enthält. Damit wollen wir uns aber erst im nächsten Kapitel befassen. Zunächst beschäftigt uns die Frage, was Gott meint, wenn Er gebietet, sich kein Götterbild zu machen. Was ist unter „Götzendienst" zu verstehen? Meint man damit das unterwürfige Kriechen vor einem Totenpfahl, die Anbetung von Götzen in Hindu-Tempeln oder das Tanzen der Baalspriester um den Altar auf dem Karmel (1. Könige 18)?

Das erste Gebot lautete: *„Du sollst keine anderen Götter haben neben mir."* Weil dieses erste Gebot grundsätzlich fremde Götter verbietet, schließt es natürlich das Verbot irgendwelcher Bildnisse von ihnen bereits mit ein. Aus diesem Grund kann man wohl davon ausgehen, daß es im zweiten Gebot nicht um fremde Götter geht, die man ja sowieso nicht haben soll, sondern darum, wie der einzige, wahre Gott angebetet werden soll.

---

[17] Predigt vom 06. 09. 1998

Die Benutzung von Bildern bei der Anbetung ist auch Götzendienst

Wenn wir das Gebot genau betrachten, lernen wir also, daß Götzendienst nicht nur Verehrung von falschen Göttern bedeutet, sondern ebenso die Anbetung des wahren Gottes mit Hilfe von Bildern. Das heißt, auch die Anbetung des richtigen Gottes ist Götzendienst, wenn wir visuelle und bildhafte Darstellungen von Ihm oder von einer Seiner drei Personen benutzen, um anzubeten. Es geht im zweiten Gebot also nicht darum, welchen Gott wir allein anbeten sollen, sondern um die Art und Weise, wie wir es tun sollen.

Im ersten Gebot stellt sich Gott also als der eine und alleinige Gott dar, außer dem es keinen anderen gibt. Und im zweiten Gebot gibt Er deutlich zu verstehen, was für ein Gott Er ist und welcher Gottesdienst Ihm zu Seiner Verehrung wohlgefällt.

Der Grund für dieses umfassende Gebot

Was ist nun der Grund für dieses umfassende Gebot? Man könnte meinen, daß es durchaus hilfreich sein könnte, visuelle Darstellungen bei der Anbetung Gottes zu benutzen. Jemand sagte einmal zu mir, als ich ihn auf eine Ikone und ein Kruzifix ansprach, die er auf einer Art kleinem Altar bei sich im Zimmer hatte: „Wissen Sie, das hilft mir, mich auf Gott zu konzentrieren. So kann ich Ihn viel besser anbeten!" Ich spürte, daß dieser Mann es wirklich aufrichtig meinte und Gott ernsthaft suchen und anbeten wollte. Dennoch kündigt Gott schwere Strafe an, wenn man Ihn mit Hilfe von Bildern anbeten würde. Kein anderes Gebot ist mit einer solchen Androhung von Gericht belegt, nicht einmal das Gebot: *„Du sollst nicht töten."*

Weil dieses Verbot nicht einleuchten will, wird es oft dahin gedeutet, daß es lediglich Bilder von Gott verbietet, die Ihn entstellen oder die aus der Welt heidnischer Kulte entliehen sind. Aber darum geht es Gott nicht. Es heißt: *„Du sollst dir* **kein** *Götterbild machen und auch keinerlei Abbild dessen, was* *oben im Himmel oder was unten auf der Erde ... ist.“* Wir sollen Gott also weder in Sternbildern noch in Bildern von Tieren oder Menschen darstellen und auch nicht in Bildern von Christus, um diese anzubeten.

Warum hat der Mensch aber die Neigung, bei der Anbetung gerne Gegenstände mit einzubeziehen? Das hängt damit zusammen, daß der Mensch Fleisch ist, Gott aber Geist. Jesus lehrte uns, Gott im Geist und in der Wahrheit anzubeten (Johannes 4,24). Aber der fleischliche Mensch hat immer das Bedürfnis, mit etwas ebenfalls Fleischlichem zu kommunizieren.

Gott aber ist kein fleischliches Gegenüber. Er hat keinen sichtbaren Körper, mit dem man sprechen könnte, sondern man kann Ihn nur durch den Heiligen Geist wahrnehmen. So kann niemand aus eigener, menschlicher Kraft zu Gott kommen, weil Er auf einer völlig anderen Ebene existiert. Weil Gott Geist ist, können Fleisch und Blut niemals Gemeinschaft mit Ihm haben.

Das heißt, um Gott anzubeten, muß Sein Geist in unserem Herzen sein, da sonst keine wahre Anbetung stattfindet. Der fleischliche Mensch aber möchte sehen, was vor Augen ist. Es liegt in seiner Natur, sich Bilder zu machen, Gegenstände zu benutzen, weil die fünf Sinne, die er hat, nur Gegenständliches wahrnehmen können. So kommt es dann, daß in Gottesdiensten z.B. Glöckchen verwendet werden, die man hören kann, und Räucherwerk, das man riecht. Gott aber sagt: „Wenn ihr anfangt, Mich mit Bildern anzubeten, betet ihr sofort einen falschen Gott an.“ Weil Gott Geist ist, ist es unmöglich, Ihm mit Hilfe von Materie nahezukommen.

Es geht um Gottes Ehre

Dennoch ist es schwer zu verstehen, warum Gott eine dermaßen harte Strafe bei der Übertretung dieses Gebotes androht. Ist Er da nicht etwas zu kleinlich? Ich finde nicht, da die Einhaltung dieses Gebotes von großer Bedeutung ist. Es geht nämlich um Gottes Ehre. Bilder entehren Gott, da sie Seine Herrlichkeit verdunkeln. Sie stammen nämlich alle aus der natürlichen Welt und können somit niemals wirklich Gott darstellen, denn wie sollte Geschaffenes den ungeschaffenen Schöpfer abbilden können? Johannes Calvin sagte einmal: „Ein wahres Abbild Gottes ist in der ganzen Welt nicht zu finden."[18] Wer glaubt, doch ein passendes Bild gefunden zu haben, dichtet Gott sofort Fleischliches und Vergängliches an. Selbst das allerherrlichste Abbild würde die Majestät Gottes verkleinern und somit Seine Ehre beschmutzen. Jedes Bild zieht den ewigen, unwandelbaren, ungeschaffenen Gott auf die Ebene des Kreatürlichen, des Vergänglichen, des Fleischlichen herunter. Gott aber ist ewiger Geist. Jedes Bild ist demzufolge eine Lüge, weil es endlos weit hinter dem ewigen und allmächtigen Gott zurückbleibt. Außerdem vermitteln Bilder zwangsläufig eine falsche Vorstellung von Gott, durch die Menschen in ihrem Gottesbild getäuscht werden.

... und um Sein göttliches Wesen

Was ist das für eine Sünde, wenn wir Bilder aufstellen und somit dazu beitragen, daß sich Menschen bezüglich des wahren Wesens Gottes täuschen! So vermitteln Bilder und Statuen nicht nur den Irrtum, daß Gott einen sichtbaren Leib mit Händen und Füßen habe, sondern sie verbergen auch unausweichlich die Wahrheit über Seine wirkliche Natur und Seinen göttlichen Charakter. Jemand sagte einmal: „Bilder führen nicht zum Glauben an den wahren, sondern zum Aberglauben an einen verfälschten Gott."

Das sieht man auch an Aaron, der auf die Anregung seines Volkes ein gegossenes Stierbild machte, das ein sichtbares Symbol für Jahwe, den allmächtigen Gott, sein sollte. Israel hatte nämlich ursprünglich nicht im Herzen, einem fremden

---

[18] Zitiert nach: James I. Packer. Gott kennen. Verlag der Liebenzeller Mission: Lahr, 1994[4]. S. 41

Gott zu huldigen. Sie wollten nur ihren Gott sichtbar anbeten, da Mose nicht vom Berg Sinai herunterkam und Gott sich nicht offenbarte. So ließ Aaron dann goldene Ohrringe und andere Schmuckstücke zu einem Stierbild einschmelzen. Mit diesem Symbol wollten die Israeliten sicherlich ihren Gott als den starken und mächtigen Herrn ehren, denn wir lesen in 2. Mose 32,5: *„Als das Aaron sah, baute er einen Altar vor ihnen und ließ ausrufen: Morgen ist des HERRN Fest."* Dieser Jungstier konnte wohl die Macht eines starken Gottes symbolisieren, aber er konnte nicht Gottes Heiligkeit und Gerechtigkeit, Seine Güte, Geduld und Liebe darstellen. Man konnte an diesem Bild also nur einen ganz geringen Teil des Wesens Gottes erkennen, so daß diese Abbildung nur eine unzulängliche Karikatur war.

In ähnlicher Weise verdunkelt auch ein Kruzifix die Herrlichkeit Gottes, da es die Tatsache der Gottheit Christi verbirgt. In ihm sehen wir wohl das Leiden, nicht aber die Auferstehung unseres Herrn. Ich habe von Menschen gehört, die vor Kruzifixen niederknien und sich gedanklich in die Leiden Christi so sehr hineinsteigern, daß sie meinen, Seine Schmerzen selbst zu spüren, was sie für Gottseligkeit halten. Sie sehen Christus im Kruzifix mehr als den Leidenden, aber nicht als den Auferstandenen, und das führt zu einseitigen und damit falschen Gottesvorstellungen. Das ist der Grund dafür, warum das zweite Gebot verbietet, Bilder bei der Anbetung Gottes zu benutzen.

Nun fragt sich vielleicht manch ein erschrockener Christ: „Heißt das denn, daß wir auch in der Sonntagsschule Jesus nicht mehr darstellen sollen? Und wie sieht es aus mit der Malerei, der Bildhauerei, überhaupt mit der Kunst in Kirchen?" Zur Beruhigung möchte ich ganz deutlich sagen: Meiner Meinung nach ist der entscheidende Unterschied der, daß das Gebot verbietet, Bilder **zur Anbetung** zu benutzen. Wenn wir unseren Kindern in der Sonntagsschule biblische Geschichten erzählen und dabei auch visuelle Hilfsmittel einsetzen, fordern wir sie ja nicht auf, diese Gegenstände für heilig zu halten oder vor ihnen niederzufallen und sie anzubeten. Große Fragezeichen habe ich allerdings, wenn rituelle Gottesdienste abgehalten werden, in denen man Kruzifixe umherträgt und Gegenstände benutzt, die dann selbst Heiligkeitscharakter haben, so daß man ihnen Verehrung erweist.

Falsche Gottesvorstellungen

Wenn Gott sagt, wir sollen uns kein Bildnis machen, müssen aber nicht unbedingt Bilder aus Materie gemeint sein. Es kann sich dabei auch um falsche Bilder handeln, die wir in unserem Herzen tragen. Manchmal wird z.B. gelehrt, daß Gott ohne unsere gute Mitwirkung nichts tun könne und deshalb auch keine Erweckung oder Heilung käme. Das Ergebnis eines solchen selbsterdachten Gottesbildes ist ein ohnmächtiger Gott. Die Bibel lehrt uns, daß Gott souverän, unabhängig, allmächtig und erhaben ist und daß nicht Er ohne uns, sondern wir ohne Ihn nichts tun können (vgl. z.B. Johannes 15,5).

Jemand anderes erklärte mir sein inneres Bildnis von Gott so: „Für mich ist Gott nicht so sehr Richter, sondern ich sehe Ihn mehr als Vater." Dann hörst du, wie diese Geschwister sagen, wenn sie sich Zeit zum Beten nehmen wollen: „Ich hab' ein Date mit Daddy." Und auf einmal entsteht daraus dann die Formulierung: „Wir sind Partner Gottes."

Wird jemals der Unterschied zwischen Gott und Geschöpf aufgehoben werden? Nein, niemals. Wir sind und bleiben Seine Kinder. Ich habe zwar auch schon zu meinem Sohn gesagt, als er klein war: „Christian, du bist mein Freund." Wenn wir aber davon reden, Partner Gottes zu sein, geht das eher in die Richtung von geschäftlicher Partnerschaft oder Teilhaberschaft an der Macht Gottes. Dieses unbiblische Gottesbild kann dann am Ende dazu führen, daß wir Gott menschliche Züge andichten und mit unserem „lieben" Gott auch so umgehen wie mit Menschen.

Vor kurzem sagte ich bei einem Treffen mit einigen Pastoren: „Der natürliche Mensch kann nicht glauben." Darauf erhielt ich zur Antwort: „Dann fordert Gott ja etwas, was der Mensch nicht leisten kann. An einen solchen Gott glaube ich nicht!" Da mußte ich ihm erzählen, daß er dann nicht an den Gott der Bibel glaubt. Der Grund für unsere Verlorenheit ist doch, daß Gott Forderungen an uns Menschen hat, die wir nicht erfüllen können. Das ist doch der Fluch, unter dem wir stehen. Deswegen mußte Jesus kommen, für uns sterben und somit alle Gerechtigkeit erfüllen, die wir nicht erbrachten. Gott ist also nicht so ein „lieber Gott", der uns alles nachsieht, sondern Er will Gerechtigkeit erfüllt sehen.

An diesen Beispielen sieht man, wie schnell sich menschliche Vorstellungen über Gott verbreiten. Man kann den einen, lebendigen Gott anbeten und trotzdem in seinen Gedanken Bilder haben, die nicht der Offenbarung von Gottes Wesen entsprechen.

Die Quelle wahrer Gotteserkenntnis ist die Heilige Schrift

Wer einen wahren Begriff von Gott erhalten und behalten will, braucht eine lebenslange, kontinuierliche Beschäftigung mit dem Wort Gottes, weil wir immer wieder der Gefahr erliegen, mit unseren Gedanken und Einbildungen auf Abwege zu geraten.

Das zweite Gebot lehrt also, daß der ewige Gott alles weit überragt, was wir Menschen uns über Ihn vorstellen können. Deshalb müssen wir uns demütigen und von Ihm hören, wie Er ist. Unsere Vorstellungen sollen nämlich nicht durch Bilder, sondern nur durch Sein Wort geprägt werden. Menschen, die zur Anbetung Gottes ein Bild gebrauchen, äußerlich oder gedanklich, haben noch nicht gelernt, Gott wirklich zu lieben und Ihn allein in Seinem Wort zu suchen. Wer eigene Lieblingsideen über Gott hat, hat selten ein ernsthaftes Interesse an der Bibel, weil diese nämlich alle menschlichen Träume über Ihn zerstört. Deswegen bitte ich dich, lies täglich ausgiebig die Bibel. Dann wirst du davor bewahrt sein, dir eigene, falsche Vorstellungen über Gott zu machen, sondern wirst an dem bleiben, was Er selbst über sich sagt. Folgendes, Bibelwort, das Mose dem Volk Israel warnend gab, ist äußerst bedeutsam: *„Und der HERR redete zu euch ... Die Stimme der Worte hörtet ihr, aber ihr saht keine Gestalt ... So hütet eure Seelen sehr – denn ihr habt keinerlei Gestalt gesehen an dem Tag, als der HERR am Horeb mitten aus dem Feuer zu euch redete –, daß ihr nicht zu eurem Verderben handelt und euch ein Götterbild macht in Gestalt irgendeines Götzenbildes, das Abbild eines männlichen oder weiblichen Wesens, das Abbild irgendeines Tieres ..."* (5. Mose 4,12-17).

Gott zeigte dem Volk Israel kein sichtbares Symbol, sondern gab ihnen nur Sein Wort. Dem sollen auch wir gehorchen und alleine an Seinem Wort bleiben. Das einzige uns gegebene *„Bild Gottes"* ist Jesus, der Sohn Gottes (2. Korinther 4,4; Kolosser 1,15).

2. Gebot: Die Schuld der Väter und die Gnade an Tausenden[19]

„Du sollst dir kein Götterbild machen, auch keinerlei Abbild dessen, was oben im Himmel oder was unten auf der Erde oder was in den Wassern unter der Erde ist. Du sollst dich vor ihnen nicht niederwerfen und ihnen nicht dienen. Denn ich, der HERR, dein Gott, bin ein eifersüchtiger Gott, der die Schuld der Väter heimsucht an den Kindern, an der dritten und vierten Generation von denen, die mich hassen, der aber Gnade erweist an Tausenden von Generationen von denen, die mich lieben und meine Gebote halten."

(2. Mose 20,4-7)

Im Hamburger Abendblatt las ich in einem Artikel eines evangelischen Pfarrers: „Das Grundgesetz der Gesellschaft von heute lautet: Der Ehrliche ist der Dumme." Wir wissen, was er damit sagen wollte. Heutzutage hält man den für clever, der lügt, betrügt, übervorteilt, fälscht, hintergeht, veruntreut usw., um sich dadurch Vorteile – oder „Segen" – zu verschaffen. Manche Leute meinen nämlich, daß Segen dann entsteht, wenn die Gebote übertreten werden, man sich frei von ihnen macht und statt dessen ein anderes Gebot aufstellt, wie z.B.: „Der Ehrliche ist der Dumme."

In Hesekiel 33,15 und überhaupt in der ganzen Bibel lesen wir aber, daß das Gesetz Gottes allen Menschen eine Ordnung zum Leben ist. Jemand formulierte das so: „Die Gebote stecken den Rahmen ab, in welchem menschliches Leben gedeiht. Alles, was außerhalb dieser Grenze geschieht, wirkt nur zerstörerisch auf unser Leben." Das heißt: Wenn ich nach den Geboten Gottes lebe, habe ich die Verheißung, Seinen Segen empfangen zu dürfen. Tue ich das nicht, werde ich degenerieren und sterben.

---

[19] Predigt vom 13. 09. 1998

In 5. Mose 30,15ff finden wir die berühmte Gegenüberstellung von Segen und Fluch. Dort heißt es: *„Siehe, ich habe dir heute vorgelegt das Leben und das Gute, den Tod und das Böse, indem ich dir heute gebiete, den HERRN, deinen Gott, zu lieben, auf seinen Wegen zu gehen und seine Gebote, seine Ordnungen und seine Rechtsbestimmungen zu bewahren, damit du lebst und zahlreich wirst und der HERR, dein Gott, dich segnet in dem Land, wohin du kommst, um es in Besitz zu nehmen."* Dann folgt der Fluch, und in Vers 19 lesen wir weiter: *„Ich rufe heute den Himmel und die Erde als Zeugen gegen euch auf: das Leben und den Tod habe ich euch vorgelegt, den Segen und den Fluch! So wähle das Leben, damit du lebst, du und deine Nachkommen."*

Damit es zu keinen Mißverständnissen kommt: Das Gesetz verspricht natürlich nicht das ewige Leben, aber ein erfülltes und beglückendes Leben in der gegenwärtigen Zeit unseres irdischen Daseins. In diesem Sinn kann man wirklich mit 3. Mose 18,5 sagen: *„Darum sollt ihr meine Satzungen halten und meine Rechte. Denn der Mensch, der sie tut, wird durch sie leben."*

Gott straft bis in die vierte Generation

Wenn wir sagen, daß die Gebote Gottes auch heute noch Gültigkeit haben, schließt das natürlich auch den damit verbundenen Segen oder Fluch mit ein. Tatsächlich finden wir im Wort Gottes viele Beispiele dafür, daß Väter sündigten und die Söhne und nachfolgende Geschlechter dafür bestraft wurden. In Klagelieder 5,7 sagt der Prophet: *„Unsere Väter haben gesündigt, sie sind nicht mehr. Wir aber tragen ihre Schuld."* An diesem Vers sehen wir, daß die Familie in Gottes Augen eine Einheit bildet.

Ich möchte das an drei biblischen Beispielen verdeutlichen: Die Sünde Adams z.B. kam auf alle nachfolgenden Generationen. Paulus schreibt in Römer 5,18: *„Wie es nun durch **eine***

Übertretung für alle Menschen zur Verdammnis kam ..." Durch
die Sünde des ersten Menschen also kam der Tod in die Welt,
wovon alle Menschen ohne Ausnahme betroffen sind.

In 1. Mose 15,14 sagte Gott zu Abraham, daß seine Nachkommen das verheißene Land erst nach 400 Jahren einnehmen
würden, die sie in einem fremden Land in Knechtschaft verbringen müßten. Die Begründung dafür lautete: *„Das Maß der
Schuld der Amoriter ist bis jetzt noch nicht voll" (1. Mose
15,16).* Erst dann sollten die kanaanitischen Völker unter das
Gericht kommen. Gott legte also den Kanaanitern zur Zeit
Josuas ein Gericht auf, das deren Vorfahren von vor 400 Jahren
bereits verschuldet hatten.

Auch Jesus äußert sich zu diesem Thema, als Er den Pharisäern gegenüber die kommende Zerstörung Jerusalems ankün-
digt: *„So gebt ihr euch selbst Zeugnis, daß ihr Söhne derer
seid, welche die Propheten ermordet haben. Und ihr, macht nur
das Maß eurer Väter voll! Schlangen! Otternbrut! Wie solltet
ihr dem Gericht der Hölle entfliehen? Deswegen siehe, ich
sende zu euch Propheten und Weise und Schriftgelehrte; und
einige von ihnen werdet ihr töten und kreuzigen, und einige von
ihnen werdet ihr in euren Synagogen geißeln und werdet sie
verfolgen von Stadt zu Stadt; damit über euch komme alles
gerechte Blut, das auf der Erde vergossen wurde, von dem Blut
Abels, des Gerechten, bis zu dem Blut Zacharias, des Sohnes
Barachjas, den ihr zwischen dem Tempel und dem Altar ermordet habt. Wahrlich, ich sage euch, dies alles wird über dieses
Geschlecht kommen" (Matthäus 23,31-36).* Also auch Jesus
war davon überzeugt, daß Nachkommen für die Sünden ihrer
Vorfahren verurteilt werden können.

Den Juden war wohl auch nicht unbekannt, daß Gott die
Sünden der Väter an den Kindern heimsucht, denn sie sagten zu
Pilatus, der Jesus freigeben wollte: *„Sein Blut komme über uns
und unsere Kinder" (Matthäus 27,25; LÜ '84).* Nun liegt die
Frage nahe: Kann es sein, daß der Holocaust im Nazi-

Deutschland und auch die Verfolgung, die die Kinder Israels durch Jahrhunderte erlebten, möglicherweise mit dieser Aussage zusammenhängen, mit der sie die Kreuzigung Jesu forderten? Ich denke nicht. Aber selbst wenn es so wäre – wehe dem, der sich am Volk Israel vergriffen hat!

Auch in meinem Leben gab es Situationen, in denen ich durch die Schuld anderer zu leiden hatte. An eine kann ich mich besonders gut erinnern, weil ich dabei das erste Mal das Wort „Krieg" hörte. Meine Mutter und ich fuhren in der Straßenbahn durch das zerbombte Nachkriegs-Hamburg, und ich fragte sie: „Mama, warum sind hier so viele Steine?" Ich meinte damit die Trümmerhaufen, die noch überall zu sehen waren. Meine Mutter antwortete: „Ja, Wolfgang, es war Krieg in Deutschland." Das werde ich nie vergessen. Und wenn meine Mutter jedesmal in der zweiten Wochenhälfte kein Brot mehr hatte und wir hungern mußten, fragte ich als kleines Kind: „Warum sind wir so arm?" „Weil Krieg war", war wiederum die Antwort. Damals war ich sehr böse über Gott, daß ich nichts zu essen hatte, weil Leute vor mir, die weitgehend schon verstorben waren, Krieg geführt hatten. Ich war daran ja vollkommen unschuldig und hatte doch wegen der Sünde anderer Menschen zu leiden.

Ebenso prägen in gottlosen Familien Väter ihre Kinder. Wir kennen das Sprichwort: „Der Apfel fällt nicht weit vom Stamm." Das gleiche sagt auch das zweite Gebot: Wenn wir Gott nicht ehren und Ihm allein dienen, sondern statt dessen in Götzendienst verfallen und Sein Gesetz mißachten, wird das negativen Einfluß haben auf die Familie. Die Sünde des Vaters wirkt sich aus bis ins vierte Glied, also auf Vater, Sohn, Enkel und Urenkel.

Kinder tragen nur an der Schuld ihrer Väter, wenn sie selbst die Sünde ihrer Väter fortsetzen

Wir haben gehört, daß Verdammnis über alle Menschen aufgrund der Sünde des einen gekommen ist. Paulus formuliert das in Römer 5,12 so: *„Darum, wie durch **einen** Menschen die Sünde in die Welt gekommen ist und durch die Sünde der Tod und so der Tod zu allen Menschen durchgedrungen ist,"* – nun folgt aber noch eine zweite und sehr wichtige Begründung – *„weil sie alle gesündigt haben."* Es ist also beides: Die Schuld der Väter und die eigene Sünde. Deswegen sagt das zweite Gebot, daß bis ins dritte und vierte Glied die Schuld der Väter an den Kindern heimgesucht wird *„von denen, die mich hassen".*

Wenn sich die Söhne aber bekehren, ist dieser Fluch aufgehoben. In Hesekiel 18,20 heißt es: *„Die Seele, die sündigt, **sie** soll sterben. Ein Sohn soll nicht an der Schuld des Vaters mittragen, und ein Vater soll nicht an der Schuld des Sohnes mittragen. Die Gerechtigkeit des Gerechten soll auf ihm sein, und die Gottlosigkeit des Gottlosen soll auf ihm sein."* Und in Vers 21: *„Wenn aber der Gottlose umkehrt von all seinen Sünden, die er getan hat, und alle meine Ordnungen bewahrt und Recht und Gerechtigkeit übt: leben soll er und nicht sterben."* Jemand, der sich bekehrt hat, gehört nicht mehr zu denen, die Gott hassen und Sein Gesetz verachten. Ein wiedergeborener Mensch hat statt dessen das Geschenk der Gerechtigkeit in Christus empfangen und ist aufgrund seiner Umkehr frei von der Schuld seiner Väter, Großväter oder anderer Ahnen.

Ich sage das deswegen so deutlich, weil an dieser Stelle viele Menschen leiden. Sie sind aufgrund der Fluchandrohung im zweiten Gebot gelehrt worden, daß sie durchaus auch als Gläubige noch unter der Sünde ihrer Vorfahren zu leiden haben und aus diesem Grund sogar in ihrem geistlichen Wachstum behindert sein können. Das ist aber nicht die biblische Wahrheit. Wenn sich ein Mensch durch die Gnade Gottes bekehrt, ist jeder Fluch sofort aufgehoben und er befindet sich unter der Segensverheißung, die für Tausende von Generationen gilt.

Laß dich also niemals mehr einschüchtern, liebes Gotteskind. Du gehörst Jesus, liebst Sein Gebot und hast die Gnade empfangen, umzukehren und Ihm zu folgen. Dann gilt auch für dich: *„Die Seele, die sündigt, sie soll sterben. Ein Sohn soll nicht an der Schuld des Vaters mittragen, und ein Vater soll nicht an der Schuld des Sohnes mittragen."* Bitte bewahre das im Herzen!

Gnade an Tausenden

Jemand sagte einmal zu mir: „In den Zehn Geboten kommt die Gnade gar nicht vor." Im ersten Moment stimmte ich zu. Als ich dann aber nachdachte, fiel mir doch **die Segenslinie** ein, die **lautet**: *„Der aber Gnade erweist an Tausenden von Generationen von denen, die mich lieben und meine Gebote halten."* Niemand käme wohl auf die Idee zu sagen: „Wenn ich die Gebote halte und darin wirklich hundertprozentig bin, wird mein Leben Auswirkung auf Tausende von Nachfahren haben!" Die Segenslinie liegt also nicht auf denen, die sie durch perfektes Halten der Gebote verdient haben, sondern auf allen, denen Gott Gnade erweist. Hier leuchtet das Evangelium im Gesetz Gottes ganz hell auf!

Es sind nicht alle natürlichen Nachkommen Abrahams unter diesem Segen, aber alle Glaubenden, die unter der Gnade Gottes leben, also Christen, die Gott lieben und Sein Gesetz halten. Wir wissen, daß das untrennbar ist: Menschen, die zu Jesus gehören, lieben die Gebote und halten sie auch durch die in ihnen wohnende Kraft des Heiligen Geistes. *„Wenn ihr mich liebt, werdet ihr meine Gebote halten" (Johannes 14,15),* sagt Jesus. Die „Tausenden von Generationen" beziehen sich also auf die geistliche Nachkommenschaft aller Glaubenden auf der ganzen Welt und zu allen Zeiten.

Auch in Offenbarung 14,12 heißt es: *„Hier ist das Ausharren der Heiligen, welche* **die Gebote Gottes und den Glauben Jesu bewahren.**" Bereits in Offenbarung 12,17 wird dies deutlich: *„Und der Drache wurde zornig über die Frau und ging hin, Krieg zu führen mit den übrigen ihrer Nachkommenschaft, welche* **die Gebote Gottes halten und das Zeugnis Jesu haben.**"

Wenn Menschen in den Geboten Gottes wandeln, führt das natürlich auch äußerlich zu einem großen Segen. Die Bibel erzählt sowohl im Alten als auch im Neuen Testament und dort besonders in der Offenbarung, daß Völker, die die Gebote Gottes verwerfen, unter Fluch stehen. In diesem Zusammenhang finde ich es sehr interessant, daß die Nationen, zu denen das Evangelium von der Gnade zuerst gekommen ist – durch die Reformation also v.a. die Völker in Europa und Nordamerika –, nach wie vor wirtschaftlich und politisch führend sind.

In 5. Mose 28,13 heißt es z.B.: *„Und der* HERR *wird dich zum Haupt machen und nicht zum Schwanz, und du wirst nur immer aufwärtssteigen und nicht hinuntersinken, wenn du den Geboten des* HERRN, *deines Gottes, gehorchst, die zu bewahren und zu tun ich dir heute befehle ...*" Und in 5. Mose 15,6 sagt Gott zu Israel: *„Denn der* HERR, *dein Gott, wird dich segnen, wie er zu dir geredet hat. Und du wirst vielen Nationen ausleihen,* **du** *aber wirst dir nichts leihen. Und du wirst über viele Nationen herrschen, über* **dich** *aber werden sie nicht herrschen.*"

Das Gesetz Gottes ist wie eine Regel: Da, wo man Gott ehrt, Seine Gebote schätzt und sie zum Grundsatz seines Handelns macht, entsteht Segen. Diese Regel gilt nicht nur für Völker, sondern auch für Familien. Paulus schreibt in 2. Timotheus 1,5 seinem Schüler Timotheus: *„Denn ich erinnere mich des ungeheuchelten Glaubens in dir, der zuerst in deiner Großmutter Lois und deiner Mutter Eunike lebte.*" Und in Kapitel 3, Vers

14-15: *„Du aber bleibe in dem, was du gelernt hast ..., weil du von Kind auf die Heiligen Schriften kennst."* Natürlich muß sich auch ein solcher junger Mann von seiner Sünde bekehren, und doch ist es ein großer Segen, in einer gläubigen Familie aufzuwachsen.

Vielleicht stellst du nun die Frage: „Ich habe doch auch mein Leben Jesus gegeben, liebe Ihn und folge Seinen Geboten. Trotzdem geht es mir schlecht. Wie kann das sein?" Meine Antwort lautet: Wenn du Segen nicht immer in materiellen und äußerlichen Dingen erlebst, bedeutet das doch nicht, daß du nicht ein erfülltes und glückliches Leben führen kannst. Laß mich das am Beispiel Hiobs näher erklären.

Die Bibel sagt über ihn, daß er nach den Geboten Gottes lebte und gerecht war wie kein anderer. Die Folgen davon waren zu Anfang tatsächlich Wohlstand, Gesundheit und viele Kinder. Dann aber verlor er alles, wurde krank, und seine Kinder starben. Was hatte Hiob falsch gemacht? War etwa die Segenslinie in seinem Leben unterbrochen?

Wenn man sich das Leben Hiobs in seiner Gesamtheit anschaut, muß man sagen, daß ein großer Segen auf ihm lag. Dennoch gab es auch in seinem Leben Zeiten, in denen er etwas Neues zu lernen hatte, nämlich mehr Gott zu vertrauen, auszuharren und Geduld zu üben, dem himmlischen Vater trotz mißlicher Umstände die Ehre zu geben. Solche „Erziehungszeiten" sind meistens nicht besonders angenehm. Aber wir wissen, daß Gott niemals eine Last auflegt, die wir nicht tragen könnten, sondern durchhilft.

Wenn wir das dunkle Tal wieder verlassen haben, stellen wir fest, daß wir gereift daraus hervorgegangen sind und ein glückliches Leben führen können in Reichtum und in Armut, in guten wie in schlechten Tagen. Unser Leben steht also auch in solchen Zeiten nicht etwa unter einem Fluch, sondern die Gnade erweist sich in der Weise, daß Jesus uns erzieht und uns vollendet zum ewigen Leben. Gott segne dich dazu!

3. Gebot: Den Namen Gottes nicht mißbrauchen I[20]

„Du sollst den Namen des HERRN, deines Gottes, nicht zu Nichtigem aussprechen, denn der HERR wird den nicht ungestraft lassen, der seinen Namen zu Nichtigem ausspricht."

(2. Mose 20,7)

Im ersten Gebot heißt es: *„Du sollst keine anderen Götter haben neben mir."* Wir erfahren also, welches Ziel unsere Anbetung haben soll. Im zweiten Gebot werden wir angewiesen, wie wir diesen einen wahren Gott anbeten sollen, nämlich ohne Bilder und andere materielle Dinge, mit denen man versuchen könnte, Ihn darzustellen. In dieser von Ihm geschaffenen Welt existiert nämlich nichts, was ausreichen könnte, um den lebendigen Gott, der Geist ist, abzubilden.

Das dritte Gebot behandelt nun die Herzensverfassung, in der wir anbeten sollen. Wenn wir nämlich Gottes Namen nennen, sollen wir das mit Ernsthaftigkeit, Ehrerbietung und auch mit Würde tun. In 5. Mose 28,58 lesen wir, daß Gott einen herrlichen und heiligen Namen hat, den wir zu fürchten haben.

Das heißt mit anderen Worten: Unser Vater im Himmel möchte, daß die Majestät Seines Namens von uns unantastbar heilig gehalten wird, und zwar sowohl im Sprechen als auch in unseren Gedanken und in allem, was wir tun. Wir sollen den Namen Gottes also nur mit äußerster Besonnenheit und niemals gedankenlos oder mechanisch gebrauchen.

Mißbrauch durch Gedankenlosigkeit

In der Elberfelder Bibelübersetzung lesen wir, daß wir den Namen Gottes nicht *„zu Nichtigem gebrauchen"* sollen. Luther übersetzt: *„Du sollst den Namen des HERRN, deines Gottes, nicht unnützlich führen."*

---

[20] Predigt vom 27. 09. 1998

Das gilt zum einen für unser persönliches Gebet. Wenn wir zu unserem Herrn beten, darf das mit Ehrfurcht im Bewußtsein Seiner Gegenwart geschehen. Unser Gebet sollte aus ganzem Herzen kommen und mit ganzer Seele und mit ganzem Gemüt sein – kurzum: mit allem, was wir sind und haben. Alles legen wir in die Waagschale, um den heiligen Namen Gottes, der uns in Jesus Christus erlöste, in unserem Gebet zu ehren.

Aber auch wenn wir in der Familie beten, sollte dies nicht hektisch und oberflächlich geschehen. Ich glaube, daß eilige „Instant-Gebete" dem dritten Gebot nicht gerecht werden. Eine Mutter, die den ganzen Tag hart gearbeitet hatte und nun noch ihr Kind zu Bett bringen mußte, wollte mit ihm ein Nachtgebet sprechen, wie es in einer christlichen Familie üblich ist. Doch dann betete sie in der Eile: „Segne, Vater, diese Speise, uns zur Kraft ...", bis der kleine Junge rief: „Aber Mama, ich geh' doch jetzt ins Bett!" Darauf folgte das „richtige" Gebet: „Ich bin klein, mein Herz mach rein, soll niemand drin wohnen als Jesus allein." Vielleicht ist es ein bißchen überspitzt, was da berichtet wird. Ich glaube aber nicht, daß flüchtiges und gedankenloses Beten: „Ach, Herr, nun segne uns auch noch", Gott wohlgefällt.

Des weiteren wird unser persönlicher und familiärer Umgang mit Gott auch unser Verhalten in der Gemeinde bestimmen. Kommst du oft zu spät zum Gottesdienst? Überlege einmal, warum du sonntags nicht pünktlich sein kannst, während du in der Woche bei deinem Chef keine Minute deiner Arbeitszeit versäumst. Dabei ist es so herrlich, mit den Geschwistern seinem Herrn zu begegnen!

Wenn wir dann miteinander singen, sprechen wir in vielfältiger Weise den Namen des Herrn aus. Ist es dann recht, wenn du mit deinem Nachbarn dauernd flüsterst? Vielleicht singst du noch mechanisch den Chorus mit, aber deine Gedanken sind ganz woanders. Führst du dann nicht den Namen des Herrn zu Nichtigem im Munde?

Das gilt auch für ständige Kommentare und Anmerkungen während der Predigt oder bei anderen Beiträgen. Bedenke doch bitte: Du kommst nicht in die Gemeinde oder Kirche, um den Gottesdienst zu bewerten, sondern um den Herrn anzubeten und von Ihm zu hören und zu empfangen, was Er dir schenken möchte. Wenn du deine Gedanken und dein Herz ganz auf Jesus konzentrierst, kannst du im Anschluß an den Gottesdienst immer noch mit deinem Partner, deinen Kindern oder Freunden darüber reden, was dir wichtig war und wie Gott zu dir gesprochen hat.

So möchte ich dich aufrufen, sowohl in deinem persönlichen Umgang mit Gott als auch in deiner Familie und in der Gemeinde Gott wieder die Ehre zu geben, die Ihm gebührt, indem du dich Ihm mit ganzem Herzen im Gebet zuwendest und dich auch bei der Verkündigung des Wortes ganz auf das konzentrierst, was Er dir sagen möchte. Dann wirst du erfahren, welchen Segen der Herr bei Beachtung des dritten Gebotes schenkt!

Mißbrauch durch Ungehorsam

Man kann den Namen des Herrn auch in der Weise mißbrauchen, daß man Ihn zwar mit dem Munde ehrt, im praktischen Leben aber ungehorsam ist. In Jesaja 48,1 heißt es: *„Hört dies, Haus Jakob, die mit dem Namen Israel benannt und aus den Wassern Judas hervorgegangen sind, die beim Namen des HERRN schwören und den Gott Israels bekennen, doch nicht in Wahrheit und nicht in Gerechtigkeit."*

Die Israeliten führten also den Namen Gottes im Munde, gehorchten aber nicht dem Herrn, auf dessen Namen sie sich beriefen. Jesus tadelt in Lukas 6,46: *„Was nennt ihr mich aber: Herr, Herr! und tut nicht, was ich sage?"* Auch in Matthäus 7,22-23 warnt Er: *„Viele werden an jenem Tage zu mir sagen: Herr, Herr! Haben wir nicht durch **deinen** Namen geweissagt und durch **deinen** Namen Dämonen ausgetrieben und durch* *deinen Namen viele Wunderwerke getan? Und dann werde ich ihnen bekennen: Ich habe euch niemals gekannt. Weicht von mir, ihr Übeltäter!"* Und in Matthäus 15,8 heißt es: *"Dieses Volk ehrt mich mit den Lippen, aber ihr Herz ist weit entfernt von mir."*

Auch in der christlichen Szene gibt es eine starke Inflation, was den Namen des Herrn betrifft. Kennst du solche Aussagen wie: „Im Namen Jesu ..." oder „So spricht der Herr"? Ich glaube, das Gebot beinhaltet nicht, daß wir nichts mehr im Namen Jesu tun dürfen. Wenn aber der Herr, in dessen Namen wir auftreten, uns nicht autorisiert hat, ist ein solches Verhalten mehr als fragwürdig. Die Worte: *„So spricht der Herr"*, kommen zwar sehr oft in der Bibel vor – insgesamt 430mal[21]. Aber wehe, wenn der Herr nicht tatsächlich gesprochen hat!

In Hesekiel 13,2-3 sagt Gott zu dem Propheten: *„Menschensohn, weissage über die Propheten Israels, die da weissagen, und sage zu denen, die aus ihrem eigenen Herzen weissagen: Hört das Wort des HERRN! So spricht der Herr, HERR: Wehe den törichten Propheten, die ihrem eigenen Geist nachgehen und dem, was sie nicht gesehen haben!"* Gott ermahnt also sehr ernst, daß wir unser Herz prüfen sollen und nicht oberflächlich und eilig aus falschen Motiven unsere eigenen Gedanken Ihm in den Mund legen mit: „So hat der Herr gesprochen." So laßt uns nicht nur den Namen des Herrn ehrfürchtig nennen, sondern auch im praktischen Leben gehorsam sein und damit dem entsprechen, was unser Mund bekennt!

Mißbrauch beim Eid

Dieser Punkt ist vielleicht nicht ganz alltäglich, aber dennoch wichtig. Beim Schwören wird ja auch der Name Gottes gebraucht. Und wenn man dann den Namen Gottes in Anspruch

---

[21] Im Alten Testament kommt *„so spricht der HERR"* 293mal vor, *„so spricht der Herr"* 136mal und *„so spricht Gott"* einmal. Im Neuen Testament findet sich diese Formulierung nicht.

nimmt und trotzdem nicht die Wahrheit sagt, bezeichnet die Bibel das sowohl im Alten als auch im Neuen Testament als schwere Sünde.

Natürlich kommt auch die Frage auf: Sollen Christen überhaupt schwören? Oft genug fordert man das von ihnen, wenn sie z.B. als Beamte, als Soldaten oder als Minister in der Politik vereidigt werden. Auch vor Gericht kann man durch Gerichtsbeschluß aufgefordert werden, als Zeuge auszusagen, wobei man seine Aussage durch einen Eid bekräftigt.

Die Bibel kennt das Schwören bei dem Namen Gottes in beiden Testamenten und bewertet es ganz positiv. In Jesaja 65,16 (LÜ '84) lesen wir: *„Wer schwören wird auf Erden, der wird bei dem wahrhaftigen Gott schwören."* In Jeremia 12,16 (LÜ '84) heißt es: *„Und es soll geschehen, wenn sie von meinem Volk lernen werden, bei meinem Namen zu schwören: So wahr der HERR lebt! ..."* Dieser Ausdruck ist eigentlich auch ein Eid. Und Sacharja 8,17 (LÜ '84): *„Keiner ersinne Arges in seinem Herzen gegen seinen Nächsten, und liebt nicht falsche Eide; denn das alles hasse ich, spricht der HERR."*

Gott haßt also nicht den Eid an sich, wohl aber den falschen Eid, denn ein Eid ist die Anrufung Gottes zum Zeugen, durch die wir die Wahrhaftigkeit und Unwiderruflichkeit unserer Rede bekräftigen wollen. Das tat auch der Apostel Paulus immer wieder. Denn wenn man Gott zum Zeugen anruft, der die absolute Wahrheit ist, ruft man den an, bei dem alles Streiten vorbei sein muß.

Wenn wir aber einen solchen Eid ablegen und dabei nicht die Wahrheit sagen, oder auch wenn man möglicherweise bei anderen Göttern schwört, entbrennt der Zorn Gottes, wie wir z.B. in Jeremia 5,7 sehen: *„Weshalb sollte ich dir vergeben? Deine Söhne haben mich verlassen und schwören bei Nichtgöttern."* Oder auch Zephanja 1,5: *„Ich werde ausrotten ... die dem HERRN schwören und zugleich bei ihrem König* *schwören.*" Wenn wir schwören, sollen wir es also nur bei Gott tun (5. Mose 6,13; 10,20), denn Er allein ist die Wahrheit.

In der Bergpredigt spricht Jesus davon, daß man überhaupt nicht schwören soll. Wenn man diese Aussage im Zusammenhang liest, versteht man aber, daß Er sich mit Seinen Worten nur gegen leichtfertiges Schwören wendet. Die Pharisäer und Schriftgelehrten waren nämlich dazu übergegangen, bei allem möglichen zu schwören, wie z.B. beim Himmel oder der Erde, bei Jerusalem oder auch beim eigenen Haupt (Matthäus 5,33-37; vgl. auch 23,16-22). Sie fanden es klug, vorsichtshalber nicht bei dem Namen Gottes zu schwören. Aber Jesus tadelte sie deswegen und sagte, dann sollten sie lieber überhaupt nicht schwören, sondern statt dessen „ja, ja" oder „nein, nein" sagen.

Jakobus 5,12 bekräftigt diese Aussage Jesu, die auch für uns heute noch gilt. Auch wir sollen nicht vorschnell schwören wie z.B. mit: „So wahr mir Gott helfe!" und: „Der Herr stehe zwischen mir und dir!" oder: „Gott ist mein Zeuge!" Das ist Mißbrauch des Namens Gottes.

Vom rechten Gebrauch des Eides

Wenn aber jemand in Not ist, weil er falsch beschuldigt wird und unter Anklage steht, oder auch wenn sein Nächster verleumdet wird und er ihn entlasten könnte, ist ein Eid durchaus erlaubt bzw. entspricht genau dem, was Gott mit ihm beabsichtigt hat. In einem solchen Fall darfst du Gott zum Zeugen anrufen, wenn du z.B. vor Gericht stehst, damit jeder sicher sein kann, daß dein Zeugnis glaubwürdig ist und du die Wahrheit sagst.

In 2. Mose 22,9-10 finden wir dafür ein ganz praktisches Beispiel: „*Wenn jemand seinem Nächsten einen Esel oder ein Rind oder ein Schaf oder irgendein Tier in Verwahrung gibt und es stirbt oder bricht sich einen Knochen oder wird weggeführt und niemand sieht es, dann soll ein Schwur beim HERRN zwischen ihnen beiden sein, ob er nicht seine Hand nach der*

Habe seines Nächsten ausgestreckt hat. " Die Bibel kennt also den Schwur zur Klärung von Wahrheit.

Auch in anderen Bibelstellen finden wir die praktische Anwendung von Schwurformeln, wie z.B.: *„So wahr der* HERR *lebt!"* *(z.B. in 1. Samuel 14,39; insgesamt 43 Mal im Alten Testament)* oder: *„So möge Gott dem ... tun und so ihm hinzufügen!"* *(z.B. in 2. Samuel 3,9).* Auch Paulus schwor des öfteren. So sagt er in 2. Korinther 1,23: *„Ich aber rufe Gott zum Zeugen an gegen meine Seele!"* und in Römer 1,9: *„Denn Gott ist mein Zeuge."*

Und im Hebräer-Brief wird uns erzählt, daß sogar Gott selbst einen Eid geleistet hat. Dort heißt es in Kapitel 6, Vers 13-17: *„Denn als Gott dem Abraham die Verheißung gab, schwor er bei sich selbst – weil er bei keinem Größeren schwören konnte – und sprach: ‚Wahrlich, reichlich werde ich dich segnen und sehr werde ich dich mehren.' Und so erlangte er, indem er ausharrte, die Verheißung. Denn Menschen schwören bei einem Größeren, und **der Eid ist ihnen zur Bestätigung ein Ende alles Widerspruchs.**"* Das ist sehr wichtig. Wenn also jemand den Namen Gottes zu seinem Zeugen anruft, muß aller Streit und aller Widerspruch ein Ende haben.

Noch einmal zusammengefaßt: Wir sollen nicht leichtfertig Gott zum Zeugen anrufen und nicht bei jeder Kleinigkeit schwören, sondern in unserem täglichen Umgang miteinander sollen wir „ja, ja" oder „nein, nein" sagen, damit wir den Namen Gottes nicht mißbrauchen. Wenn wir aber in Not sind, in Verleumdung und unter falscher Beschuldigung stehen – und das nicht nur vor Gericht, sondern z.B. auch im Streit in der Gemeinde –, dürfen und sollen wir Gott zum Zeugen rufen.

Aufgrund eines solchen Eides muß man dann den „Angeklagten" entlasten, ihm glauben und vertrauen. Wenn man aber in dieser Anrufung Gottes Seinen Namen mißbraucht, ist der Zorn Gottes groß, der dann über demjenigen entbrennt, der Seinen Namen unnütz geführt hat. Wenn du, also einen Vorwurf gegen einen Bruder hast und ihn beschuldigst, er dann aber Gott zu seinem Zeugen anruft, daß er die Wahrheit sagt, gib dich bitte zufrieden und überlasse die Angelegenheit dem Herrn, vor dem er einen Eid abgelegt hat.

Und als letztes: Immer wieder sind auch liebe Menschen zu mir gekommen, die sich ein Gewissen daraus gemacht haben, wenn sie vor Gericht einen Eid ablegen sollten. Dazu möchte ich sagen: Niemand muß sich ein Gewissen daraus machen, wenn nicht – wie im dritten Reich geschehen – eine gottwidrige Obrigkeit einen Eid verlangt. Ein Eid, den man in Aufrichtigkeit und Wahrhaftigkeit nach bestem Wissen und Gewissen vor Gott ablegt, ist im Einklang mit dem, was die Bibel unter rechtem Schwören versteht.

Und darum wollen wir Gottes Gesetz lieben, nicht zur Seligkeit, aber zum Leben, Gott zur Ehre und uns zur Freude und zum Segen. Wir wollen dem dritten Gebot entsprechend Seinen Namen in unseren Gottesdiensten ehren und Gott ehrfurchtsvoll anbeten. Dabei soll es niemals vorkommen, daß wir den Namen des Herrn zwar feierlich aussprechen, unser tägliches Leben aber eine andere Sprache spricht. Deshalb: Laßt uns niemals einen Meineid leisten und Gott anrufen und dabei dennoch nicht die Wahrheit sagen. Gott helfe uns dazu. In Jesu Namen.

3. Gebot: Den Namen Gottes nicht miß-
brauchen II[22]

*„Du sollst den Namen des HERRN, deines Gottes, nicht zu
Nichtigem aussprechen, denn der HERR wird den nicht ungestraft lassen, der seinen Namen zu Nichtigem ausspricht."*

(2. Mose 20,7)

Wie oft hören wir, daß während einer Unterhaltung plötzlich
jemand ausruft: „O Gott, o Gott!" und damit Überraschung
ausdrückt oder gar seinem Unwillen Luft macht. Oder: Wie oft
sagt jemand erleichtert: „Gott sei Dank!", ohne wirklich Gott
danken zu wollen. Wer hat nicht schon den Ausruf „Herrje"
gehört, der nichts anderes als „Herr Jesus" bedeutet. In all
diesen Beispielen nehmen wir den Namen Gottes in den Mund,
ohne daß wir wirklich zu Gott sprechen wollen oder ohne daß
wir uns dessen überhaupt bewußt sind. Sie werden fragen: „Ist
das denn ein Problem? Sollte Gott nicht in unserer säkulari-
sierten Zeit überhaupt froh sein, noch einmal erwähnt zu werden? Was bedeutet das schon, wenn ich den Namen Gottes in
den Mund nehme oder auch nicht?

Gott ist die Ehre Seines Namens sehr wichtig

Gott war aber die Achtung Seines Namens so wichtig, daß
Er dies in einem speziellen, dem dritten Gebot formulierte: *„Du
sollst den Namen des HERRN, deines Gottes, nicht mißbrauchen; denn der HERR wird den nicht ungestraft lassen, der
seinen Namen mißbraucht"* (2. Mose 20,7; LÜ '84). Was
bedeutet nun Mißbrauch des Namens Gottes?

Im Bereich des Glaubens kann es z.B. sein, daß wir bestimmte Gebete einfach nur noch gedankenlos dahersagen, sie
also automatisch abspulen. Was ist Ihnen zum Beispiel durch
den Kopf gegangen, als Sie Ihr letztes „Vater unser" beteten?

---

[22] Fernsehpredigt vom 13. 12. 1998

Haben Sie wirklich aus tiefstem Herzen zu Gott als dem himmlischen Vater gesprochen oder haben Sie an alles mögliche gedacht?

In unserem Alltagsleben gibt es ebenso viele Beispiele, bei denen man den Namen Gottes gedankenlos gebraucht. Wer „o Gott" oder „ach Gott" sagt, ruft eigentlich Gott an. Aber meinen wir das auch? Ist es nicht vielmehr eine sehr gedankenlose Anrufung Gottes? Eigentlich will man in diesem Augenblick gar nicht mit Ihm sprechen. Man sagt es eben einfach so. Der Name Gottes ist zu einer leeren Formel geworden. Oder: Wenn jemand „Gott sei Dank!" ausruft, meint er dann auch das, was er sagt? Danken wir tatsächlich Gott, daß wir vielleicht bei einem Verkehrsunfall mit dem sprichwörtlich „blauen Auge" davon gekommen sind? Meistens will man damit nur ausdrükken, daß das „Schicksal" noch mal gnädig war. Auch „Gott sei Dank!" ist in aller Regel zu einer leeren Phrase geworden – und das, obwohl wir tatsächlich allen Grund haben, Gott in vielfältiger Weise zu danken.

Mißbrauch des Namens Gottes ist keine Kleinigkeit

Der gedankenloseste Gebrauch des Gottesnamens sind aber Begriffe wie „Herrje", „Oje" oder auch „Ojemine". Der Duden gibt uns Auskunft darüber, was diese Wörter eigentlich bedeuten. Sie entstanden in einer Zeit, in der man das dritte Gebot noch kannte und es eigentlich auch halten wollte. Andererseits war es ja aber so bequem, gedankenlose Formulierungen gebrauchen zu können. Um beides möglich zu machen, sprach man den Gottesnamen einfach nicht mehr vollständig aus. Und so wurde aus „Herr Jesus" einfach „Herrje", aus dem gleichbedeutenden lateinischen „O Jesu domine" wurde „Ojemine". Aber Gott läßt sich nicht einfach austricksen. Wir sollten vielmehr uns und Gott eingestehen, daß wir Seinen Namen immer wieder und auf die vielfältigste Weise mißbrauchen und auch mißbraucht haben.

Warum beschäftigen wir uns mit dieser Frage? Sie denken vielleicht: „Selbst wenn ich Gottes Namen mißbrauche – Gott ist doch weit weg, wenn Er überhaupt da ist." Früher oder später wird es aber Folgen haben. Gott hat nämlich im zweiten Teil des Gebotes begründet, warum wir Seinen Namen nicht mißbrauchen sollen. Er sagte zu Mose: „*Denn der HERR wird den nicht ungestraft lassen, der seinen Namen mißbraucht*" *(2. Mose 20,7; LÜ '84)*. Gott ist heilig. Deshalb kann es Ihm nicht egal sein, wie wir mit Ihm umgehen. Er fordert von uns Rechenschaft – auch über unsere Worte. Wenn wir also gedankenlos Gottes Namen im Munde führen, werden wir dafür die Konsequenzen zu tragen haben. Gott wird den Mißbrauch Seines Namens *„nicht ungestraft lassen"*, wie das Gebot es ausdrücklich sagt.

Das muß nun nicht bedeuten, daß Gott nach jedem falschen Wort sofort eingreift. Es gibt tatsächlich Menschen, bei denen man den Eindruck gewinnen kann, daß sie sich bei Gott alles erlauben dürften: Sie lügen wie gedruckt, sie fluchen usw. Das war schon zu biblischen Zeiten so. Im Psalm 73 werden wir deshalb darauf hingewiesen, daß es entscheidend ist, was am Ende des Lebens steht. Gott wird eines Tages Gericht halten, und spätestens dann wird Er uns auch für den Mißbrauch Seines Namens zur Rechenschaft ziehen.

Der rechte Gebrauch des Gottesnamens

Sie fragen nun vielleicht: „Darf man den Namen Gottes denn überhaupt gebrauchen?" O ja! Wenn Gott im dritten Gebot den Mißbrauch Seines Namens verbietet, heißt das umgekehrt eben auch, daß wir Seinen Namen sehr wohl in rechter Weise gebrauchen dürfen. Der Prophet Joel sagte einmal: „*Wer des HERRN Namen anrufen wird, soll errettet werden*" *(Joel 3,5; LÜ '84)*. Im Neuen Testament bezieht Paulus diese Aussage auf Jesus: „*In keinem andern ist das Heil, auch ist kein anderer Name unter dem Himmel den Menschen gege-*

ben, durch den wir selig werden sollen" (*Apostelgeschichte 4,12*). Im rechten Gebrauch des Namens Gottes liegt also unsere Errettung.

Wenn Sie die Errettung von Ihren Sünden brauchen – und Sie brauchen sie –, dann zögern Sie nicht, in Aufrichtigkeit den Namen Jesus anzurufen. Oder wenn Sie erkannt haben, daß auch Sie Gottes Namen mißbraucht haben, dann warten Sie nicht, bis Gott Konsequenzen folgen läßt. Kommen Sie vielmehr noch heute zu Jesus im Gebet, bekennen Sie Ihm konkret Ihre Schuld. Sie können gewiß sein, daß Gott Ihnen Ihre Sünde vergibt. Sagen Sie Ihm von ganzem Herzen: „Herr Jesus Christus, Du sollst mein Herr sein!" Es ist zwar von Gott verboten, gedankenlos „O Herrje" zu sagen. Aber mit aufrichtigem Herzen dürfen wir sprechen: „Jesus Christus ist der Herr!" oder ganz persönlich: „Jesus ist mein Herr."

Dann haben Sie wie viele andere Christen, die die Vergebung ihrer Schuld erfahren durften, allen Grund zu sagen: „Gott sei Dank!" Daß Sie wirklich meinen, was Sie da aussprechen, wird man Ihnen abnehmen, weil es dann aus der Tiefe Ihres Herzens kommt. Gott schenke Ihnen, daß Sie den Namen des Herrn zu Ihrer Errettung anrufen.

4. Gebot: Du sollst den Feiertag heiligen[23]

„Denke an den Sabbattag, um ihn heilig zu halten. Sechs Tage sollst du arbeiten und all deine Arbeit tun, aber der siebte Tag ist Sabbat für den HERRN, deinen Gott. Du sollst an ihm keinerlei Arbeit tun, du und dein Sohn und deine Tochter, dein Knecht und deine Magd und dein Vieh und der Fremde bei dir, der innerhalb deiner Tore wohnt. Denn in sechs Tagen hat der HERR den Himmel und die Erde gemacht, das Meer und alles, was in ihnen ist, und er ruhte am siebten Tag; darum segnete der HERR den Sabbattag und heiligte ihn. " (2. Mose 20,8-11)

Welche Stellung ein Christ zum Gesetz hat, haben wir im Zusammenhang mit den Zehn Geboten schon mehrfach angesprochen. Wiedergeborene Menschen lieben das Gesetz, da in ihm Gottes Wille geoffenbart ist. Wer durch den Heiligen Geist erneuert ist, möchte von Herzen gern Seinen Willen tun und Gott gehorsam sein.

Christsein hat praktische Konsequenzen

Die Erlösung hat demnach auch eine ethische Dimension. Lebendiger Glaube ist nicht allein ein Lippenbekenntnis, sondern ist untrennbar mit unserem praktischen Leben verbunden. Nicht das, was man sagt, ist das eigentliche Glaubensbekenntnis, sondern das, was man tut. Der Glaube ist also ein Lebensstil.

Das Verhalten und die Ethik eines Christen sind von der Moral der Bibel geprägt. In Titus 2,14 drückt der Apostel Paulus dies wie folgt aus: *„Christus hat sich selbst für uns gegeben, damit er uns loskaufte von aller Gesetzlosigkeit und sich selbst ein Eigentumsvolk reinigte, das eifrig sei zu guten Werken. "* Und bereits in 2. Mose 20,6 heißt es: *„... die mich lieben und meine Gebote halten. "* Beides gehört zusammen.

---

[23] Predigt vom 25. 10. 1998

Das vierte Gebot, das wir jetzt behandeln wollen, besteht nun aus zwei Anweisungen.

Sechs Tage Arbeit

„Sechs Tages sollst du arbeiten." Das bedeutet aber nicht, daß wir sechs Tage einer bezahlten Tätigkeit nachgehen müssen. Auch Hausarbeit, freiwillige Sozialarbeit sowie ehrenamtliche Aufgaben sind damit gemeint.

Faulheit und Müßiggang sind demgegenüber Sünde, wie wir in der Bibel immer wieder erfahren. Ein berühmtes Beispiel dafür finden wir in Sprüche 6,6 (LÜ '84). Dort heißt es: *„Geh hin zur Ameise, du Fauler, sieh an ihr Tun und lerne von ihr!"* Und in 1. Thessalonicher 4,11 (LÜ '84) lesen wir: *„Und setzt eure Ehre darein, daß ihr ein stilles Leben führt und das Eure schafft und mit euren eigenen Händen arbeitet, wie wir euch geboten haben, damit ihr ehrbar lebt vor denen, die draußen sind, und auf niemanden angewiesen seid."*

Die Bibel wendet sich also ausdrücklich gegen ein heute leider nicht unübliches Parasitentum, bei dem man es sich auf Kosten anderer gutgehen läßt. Eine ziemlich heftige Ermahnung schreibt Paulus diesbezüglich an die Thessalonicher: *„Denn auch als wir bei euch waren, geboten wir euch dies:* **wenn jemand nicht arbeiten will, soll er auch nicht essen.** *Denn wir hören, daß einige unter euch unordentlich wandeln, indem sie nicht arbeiten, sondern unnütze Dinge treiben. Solchen aber gebieten wir und ermahnen sie im Herrn Jesus Christus, daß sie in Stille arbeiten und ihr eigenes Brot essen"* *(2. Thessalonicher 3,10-12).*

Gott fordert im vierten Gebot zur Arbeit auf, weil das Seinem Wesen entspricht. Auch Er selbst ist fleißig, wie wir z.B. im Schöpfungsbericht erfahren. In 1. Mose 2,2 heißt es: *„Er ruhte von all seinem Werk."* Des weiteren spricht Psalm 19,2 (LÜ '84) von dem, was Gott geschaffen hat: *„Die Himmel erzählen die Ehre Gottes, und die Feste verkündigt seiner*

Hände Werk." Und in Römer 1,20 (LÜ '84) lesen wir: *„Denn Gottes unsichtbares Wesen ... wird seit der Schöpfung der Welt ersehen an seinen Werken"* oder *„aus seiner Arbeit."*

Nach dem Schöpfungsakt wandte Gott Seine Aufmerksamkeit nicht von dieser Welt ab, sondern Er regiert und lenkt sie auch heute noch. Er ist es, der die Schöpfung erhält, der Menschen rettet, Seine Gemeinde baut und Prophetie erfüllt. Dabei arbeitet Gott nicht nur sechs Tage, sondern *„der Hüter Israels schläft noch schlummert nicht"* (Psalm 121,4; LÜ '84).

Auch Jesus war äußerst wirksam. Schon in Jesaja heißt es über Ihn: *„Weil seine Seele sich abgemüht* [oder: *gearbeitet*] *hat, wird er ... die Fülle haben"* (Jesaja 53,11; LÜ '84). Er scheute auch praktische Arbeit nicht, als Er z.B. bei Seinem irdischen Vater als Zimmermann in die Lehre ging. In den Evangelien wird uns berichtet, wie Jesus zu jeder Zeit bereit war, den Menschen zu dienen. Manchmal war es Ihm deshalb nicht einmal möglich, etwas zu essen oder ein paar Stunden Ruhe zu finden. Und um mit Seinem himmlischen Vater Gemeinschaft haben zu können, mußte Er sich sehr früh aufmachen, wenn Er ungestört sein wollte. Wer Gott liebt und Jesus ähnlich sein möchte, kann also kein Freund von Müßiggang sein.

Arbeit ist demnach kein Fluch, wie manche oberflächlich meinen. Diese Leute vertreten die Ansicht, Arbeit sei doch erst wegen des Sündenfalls quasi als Strafmaßnahme von Gott befohlen worden. Dem ist aber nicht so. Aus der Schöpfungsgeschichte geht hervor, daß Gott Adam und Eva schon vor dem Sündenfall zur Arbeit angewiesen hatte. Denn es heißt: *„Und Gott, der HERR, nahm den Menschen und setzte ihn in den Garten Eden, ihn zu bebauen und ihn zu bewahren"* (1. Mose 2,15). Die Arbeit selbst ist also nicht Folge des Sündenfalles, sondern nur der Fluch, den Gott danach auf die Arbeit gelegt hat, nämlich Dornen und Disteln sowie Schweiß und Mühsal bei der Arbeit.

Nicht nur im Garten Eden gab es Arbeit. Es wird sie sogar auch im Himmel geben. Von den Blutgewaschenen in der Herrlichkeit berichtet die Offenbarung: *„Sie sind vor dem Thron Gottes und dienen ihm Tag und Nacht in seinem Tempel" (Offenbarung 7,15).* Was aber nicht mehr existieren wird, ist Müdigkeit und Last bei der Arbeit. Wir werden nicht mehr müde noch matt werden, weil wir von unserem schwachen, sterblichen Leib befreit sein werden.

Gott selbst ist also der Geber aller Arbeit. Sie entspricht Seiner Schöpfungsordnung und ist ein Geschenk, das Er uns gemacht hat. Wenn manche Leute sagen: „Das habe ich mir erarbeitet", vergessen sie, daß sie ohne Gott gar keine Arbeit hätten. *„Wenn der HERR nicht das Haus baut, arbeiten umsonst, die daran bauen. Wenn der HERR nicht die Stadt behütet, wacht der Wächter umsonst",* lesen wir in Psalm 127,1 (LÜ '84).

Auch in 5. Mose 8,17-18 sehen wir, daß Gott der Inspirator unserer Arbeit ist. Dort heißt es: *„... und du dann nicht in deinem Herzen sagst: Meine Kraft und die Stärke meiner Hand hat mir dieses Vermögen verschafft! Sondern du sollst an den HERRN, deinen Gott, denken, daß er es ist, der dir Kraft gibt, Vermögen zu schaffen; – damit er seinen Bund aufrechterhält, den er deinen Vätern geschworen hat."*

Und in 2. Mose 31,2-5 wird uns über die Künstler berichtet, die an der Stiftshütte arbeiten sollten: *„Siehe, ich habe mit Namen berufen Bezalel, den Sohn des Uri, des Sohnes Hurs, vom Stamm Juda, und habe ihn mit dem Geist Gottes erfüllt, mit Weisheit, Verstand und Können und für jedes Kunsthandwerk, Pläne zu entwerfen, um in Gold, Silber und Bronze zu arbeiten. Auch mit der Fertigkeit zum Schneiden von Steinen zum Einsetzen und mit der Holzschnitzerei habe ich ihn begabt, damit er in jedem Handwerk arbeiten kann."*

Gott selbst beschenkt uns also mit Arbeit, und wir dürfen Ihn jeden Tag um die Erfüllung mit Seinem Heiligen Geist bitten, um unsere Aufgaben gut ausführen zu können. Wenn du mit einem schwierigen Chef oder intriganten Arbeitskollegen zu tun hast, will ich für dich beten, daß du mit Gottes Geist erfüllt wirst und dir deine Arbeit so gut gelingt, daß sich andere nur wundern können. Auch bei Josef mußten seine Widersacher anerkennen: *„Werden wir einen finden wie diesen, einen Mann, in dem der Geist Gottes ist? ... Keiner ist so verständig und weise wie du"* (1. Mose 41,38-39).

Arbeit ist also nicht Selbstzweck oder nur Einkommensabsicht, sondern in erster Linie Gottesdienst, wie uns Kolosser 3,17 erklärt: *„Alles, was ihr tut, im Wort oder im Werk, alles tut im Namen des Herrn Jesus, und sagt Gott, dem Vater, Dank durch ihn."*

Der siebte Tag ist der Tag des Herrn

Viele Christen meinen nun, daß das Sabbatgebot im Neuen Testament nicht mehr gültig sei, und haben damit in einer Hinsicht auch recht. Paulus schrieb nämlich ausdrücklich: *„Der eine hält einen Tag für höher als den andern; der andere aber hält alle Tage für gleich. Ein jeder sei in seiner Meinung gewiß"* (Römer 14,5; LÜ '84). Und an anderer Stelle liefert der Apostel die Begründung für diese Haltung: *„So richte euch nun niemand wegen Speise oder Trank oder betreffs eines Festes oder Neumondes oder Sabbats, die ein Schatten der künftigen Dinge sind, der Körper selbst aber ist des Christus"* (Kolosser 2,16-17).

Paulus wies damit diejenigen Judenchristen in die Schranken, die den Christengemeinden die Rituale des Sabbats auflegen wollten. Diese waren nach dem mosaischen Gesetz sehr umfangreich und von den Pharisäern noch komplizierter gemacht worden. Paulus hielt die Sabbatzeremonien des Alten Testaments in Christus für erfüllt. Denn genauso wie durch das einmalige Opfer Christi alle Tieropfer überflüssig wurden, waren auch die zeremoniellen Sabbatgesetze nicht mehr nötig.

Das alles war nur eine Vorschattung dessen, was in Christus als Wirklichkeit kommen sollte.

Und weil Christus durch die Erlösung Seinem Volk eine Glaubensruhe für alle Tage, ja eine ewige Sabbatruhe, erworben hatte, wäre es eine Ehrverletzung für Ihn, wenn man noch an den provisorischen Abbildern festhalten würde, die Er durch sich selbst abgelöst hat.

Deshalb werden wir nicht mehr aufgefordert, alle Sabbatvorschriften einzuhalten, sondern allen Fleiß daran zu setzen, in die Ruhe des Glaubens einzugehen, die Christus uns erworben hat (Hebräer 4,11), und von unseren Werkemühen zu ruhen. Demzufolge ist unser neuer Sabbattag ein andersartiger Tag. Unser Sabbat ist ein „Heute", ein Tag des Heils (Hebräer 4,7-9), dessen wir uns ununterbrochen für Zeit und Ewigkeit erfreuen dürfen. Wer zu dieser Ruhe Gottes gekommen ist, ruht auch von seinen Werken (Hebräer 4,10). So spiegelt der jüdische Sabbat also das Evangelium wider, denn wir können mit unseren eigenen Werken Schluß machen, um selig zu werden, und dürfen in Christus die Ruhe der Gnade finden, die das fordernde Gesetz uns niemals geben konnte. Welch ein herrlicher Sabbat.

Um die Beziehung von Sabbat und Evangelium herauszustellen, erinnert das vierte Gebot die Kinder Israel nach 5. Mose 5,15 daran, daß sie den Sabbat halten sollen, weil Gott sie aus der Sklaverei Ägyptens erlöst hat: *„Und denke daran, daß du Sklave warst im Lande Ägypten und daß der HERR, dein Gott, dich mit starker Hand und mit ausgestrecktem Arm von dort herausgeführt hat! Darum hat der HERR, dein Gott, dir geboten, den Sabbattag zu feiern."* Weil die Befreiung Israels und der auch deshalb zu befolgende Sabbat nur eine Vorausschattung auf die vollkommene Erlösung und die daraus resultierende Glaubensruhe aller Gotteskinder ist, ist der Sabbat in seiner inhaltlich zeremoniellen Bedeutung in der Tat vorbei.

Der Sabbat – Teil der Schöpfungsordnung

Aber Gott hat es gefallen, das Sabbatgesetz nicht nur in das Zeremonialgesetz, das ja insgesamt durch Christus erfüllt worden ist, sondern auch in das ewig gültige Moralgesetz, die Zehn Gebote, aufzunehmen. Wie uns das Alte Testament erklärt, hat Gott das Zeremonialgesetz und das für das staatliche Gemeinwesen Israels gültige Zivilgesetz lediglich diktiert, und Mose mußte es aufschreiben. Das Moralgesetz aber, die Zehn Gebote also, hat Gott auf zwei Steintafeln mit Seinem Finger selbst geschrieben (2. Mose 31,18). Damit wollte Er die ewige Gültigkeit und Unwandelbarkeit der Zehn Gebote deutlich machen, was Jesus ja auch in der Bergpredigt eindrucksvoll bestätigte.

Der Grund, warum Gott das Sabbatgebot nicht nur im Zeremonialgesetz, sondern auch auf den beiden Steintafeln des Moralgesetzes für immer festgehalten hat, liegt darin, daß es eben nicht nur zeremoniale Bedeutung hat, die in Christus abgegolten wurde, sondern auch etwas Grundlegendes mit der Schöpfungsordnung zu tun hat. In 2. Mose 20 wird das Sabbatgebot nämlich nicht mit der Befreiung Israels aus Ägypten in Verbindung gebracht, sondern mit der Schöpfung. Wir lesen es noch einmal: *„Denn in sechs Tagen hat der HERR den Himmel und die Erde gemacht, das Meer und alles, was in ihnen ist, und er ruhte am siebten Tag."* **Die bleibende Gültigkeit des Sabbatgesetzes wird also nicht mit der Erlösung, sondern mit der Schöpfung begründet.**

Und das bestätigt Jesus, indem Er sagt: *„Der Sabbat ist um des Menschen willen gemacht und nicht der Mensch um des Sabbats willen"* (Markus 2,27). Jesus spricht hier nicht von Juden und Christen bezüglich ihrer Erlösung, sondern von allen Menschen. Und ihnen allen gilt die segensreiche Ordnung, die Gott von Anfang an und bis zum Ende in die Schöpfung hingelegt hat. Ebenso wie die Ehe in der Schöpfungsordnung verankert ist und deshalb in den Zehn Geboten unwandelbar für immer festgeschrieben bleibt, so leitet sich auch der wöchentliche Ruhetag aus der Schöpfung ab und ist deshalb auch unaufgebbarer Bestandteil der Zehn Gebote.

Somit ist dieses vierte Gebot, wie alle anderen, ein Gebot der Liebe. Alle Menschen, auch der Knecht, das Arbeitstier und der Fremde, sollen unabhängig von der Erlösungsbotschaft, die der Sabbat trägt, der Schöpfung entsprechend einen Tag der Ruhe haben. Wenn Gott uns in Seiner Liebe nun einen Tag geschenkt hat, von dem Er sagt, daß wir ihn heiligen sollen, sollten wir diesen Tag auf keinen Fall so behandeln wie alle anderen Tage. Wenn es um unser inneres Leben, unsere grundsätzliche Beziehung zu Gott geht, spielen Tage natürlich keine Rolle. Da ist der Montag und der Dienstag genauso bedeutend wie der Sonntag. Aber körperliche Ruhe, nervliche Entspannung und die Freude, zur Ehre Gottes zusammenzukommen und Sein Wort zu hören, haben wir an keinem anderen Tag so wie an dem, der uns von Gott selbst geschenkt worden ist.

Deshalb wollen wir auch unser Gemeindeleben der Ordnung der Schöpfung unterstellen und nach sechs Tagen Arbeit an einem besonderen Tag zusammenkommen, um gemeinsam die Bibel zu lesen und zu beten. Welch ein Segen, daß Gott uns einen Tag gegeben hat, an dem wir nicht arbeiten und uns zerstreuen müssen, sondern an dem wir Muße haben, uns Ihm besonders zu widmen. So wollen wir den Tag des Herrn gemäß Seines Gebotes feiern und alle weltlichen Geschäfte und Vergnügungen ruhen lassen. Laßt uns diesen Tag aus Dankbarkeit und Liebe heiligen und das Geschenk Gottes annehmen! Wenn wir diesen besonderen Tag wie alle anderen profan, hektisch und voller Streß verbringen, ist das meines Erachtens Sünde.

Warum feiern wir den Sabbat am Sonntag und nicht am Samstag wie die Juden?

Das Sabbat-Gebot ist, wie wir gesehen haben, auf der einen Seite ein Gesetz der unauflöslichen Schöpfungsordnung Gottes.

Auf der anderen Seite ist es aber auch eine alttestamentliche Ordnung in der Vorausschau auf Christus. Wenn es nun heißt: *„Sechs Tage sollst du arbeiten, und am siebten sollst du ruhen"*, ist nicht die Rede von einer festgelegten Zählweise der Tage. Welcher Tag nun der erste und welcher der siebte Tag ist, davon spricht das Gebot nicht. Es heißt lediglich, sechs Tage Arbeit und anschließend ein Tag Ruhe. Es geht nicht um Tage, sondern um den Grundsatz der Schöpfung, daß von sieben Tagen einer ein Ruhetag sein soll.

Christus ist nun am Freitag gestorben und am Sonntag auferstanden. Deshalb triumphierte die erste Christengemeinde an diesem Tag und kam am ersten Tag der Woche zusammen (Apostelgeschichte 20,7). Insofern werden wir mit der Sonntagsfeier sowohl dem Aspekt der Schöpfung als auch dem Aspekt der Erlösung gerecht. Der Sonntag ist nach sechs Arbeitstagen natürlich auch ein siebter Tag und zugleich war es der Tag der Auferstehung, der Tag des Sieges von der Sklaverei der Sünde und des Todes. Bereits die ersten Christen trafen sich sonntags, was wir z.B. sehen, wenn Paulus die Korinther anweist, an diesem Tag Geld für die Armen zu sammeln (1. Korinther 16,2). So wollen wir den Tag des Herrn als Gemeinde feiern, indem wir regelmäßig zusammenkommen, um Sein Wort zu hören – es sei denn, es ist jemand aus beruflichen Gründen verhindert.

5. Gebot: Du sollst Vater und Mutter ehren[24]

„Ehre deinen Vater und deine Mutter, damit deine Tage lange währen in dem Land, das der HERR, dein Gott, dir gibt."

(2. Mose 20,12)

Wenn das fünfte Gebot uns dazu auffordert, Vater und Mutter zu ehren, berührt es einen Bereich, der dem natürlichen Menschen oft widerstrebt, nämlich den der Unterordnung unter Autorität. Bereits im ersten Gebot hatte Gott sich selbst als Autorität vorgestellt, wenn Er sagt: *„Ich bin der HERR, dein Gott" (2. Mose 20,2).* Aufgrund seiner gefallenen Natur lehnt es der Mensch in der Regel aber ab, Autorität anzuerkennen. Er möchte sich statt dessen lieber selbst erhöhen und über sich andere stellen. Diese Haltung wird in unserer heutigen Zeit immer populärer, wenn in allen Bereichen von „Anti-Autorität" und Emanzipation die Rede ist.

Wenn wir wissen möchten, wie das fünfte Gebot genau zu verstehen ist, finden wir die Antwort im Neuen Testament, in dem die Zehn Gebote oft behandelt und ausgelegt werden. Das zeigt uns übrigens, daß das Neue Testament die Gültigkeit der Gebote nicht nur nebenbei erwähnt, sondern sogar bekräftigt.

Die Gültigkeit der Zehn Gebote im Neuen Testament

Jesus selbst sagte in der Bergpredigt, daß Er nicht gekommen sei, das Gesetz aufzulösen, sondern es zu erfüllen. *„Bis der Himmel und die Erde vergehen, soll auch nicht ein Jota oder ein Strichlein von dem Gesetz vergehen" (Matthäus 5,18).* In den folgenden Versen geht Er dann auf einzelne Gebote ein und erklärt deren tieferen Sinn.

Und auch im Gespräch mit dem reichen Jüngling bestätigt Jesus die Richtigkeit und Gültigkeit der Gebote, indem Er sie

---

[24] Predigt vom 01. 11. 1998

auf die Frage des jungen Mannes: *„Lehrer, was soll ich Gutes tun, damit ich das ewige Leben habe?" (Matthäus 19,16),* aufzählt.

Auch der Apostel Paulus weist immer wieder auf die Zehn Gebote in seinen Briefen hin. In Römer 3,31 lesen wir seine grundsätzliche Stellungnahme zum Gesetz: *„Heben wir denn das Gesetz auf durch den Glauben? Das sei ferne! Sondern wir bestätigen es"*, oder in der Lutherübersetzung: *„wir richten das Gesetz auf."* Und in Römer 13,9 (LÜ '84) zählt Paulus die Gebote auf: *„Du sollst nicht ehebrechen; du sollst nicht töten; du sollst nicht stehlen; du sollst nicht begehren, und was da sonst an Geboten ist"*, womit er die noch fehlenden Gebote meint, *„das wird in diesem Wort zusammengefaßt: Du sollst deinen Nächsten lieben wie dich selbst."*

Das *„Du sollst deinen Nächsten lieben wie dich selbst"* ist übrigens keine Neuerfindung von Paulus oder von Jesus, sondern ein Zitat (3. Mose 19,18) aus demselben Alten Testament, aus dem auch die Zehn Gebote stammen. Die Liebe ist also nicht des Gesetzes Auflösung, sondern *„die Erfüllung des Gesetzes" (Römer 13,10)*, das heißt, seine Befolgung.

Manchmal wird Jesus der gewagte Vorwurf gemacht, Er selbst habe die Zehn Gebote übertreten. Diese unglaubliche und absurde Behauptung unterstellt gleichzeitig, daß Er doch nicht vollkommen und ohne Sünde, sondern ein Übertreter war und somit auch nicht in der Lage gewesen wäre, die Forderungen des Gesetzes Gottes zu erfüllen und unser Erlöser zu sein. Das entspricht in keiner Weise dem Grundsatz der Bibel und ist somit eine dreiste Lüge.

Die Pharisäer und ihre Überlieferungen

Wahr dagegen ist, daß Jesus des öfteren Menschengesetze und Überlieferungen von Menschen gebrochen hat. Den Grund dafür erfahren wir in Markus 7,1-13: *„Und es versammeln sich zu ihm die Pharisäer und einige der Schriftgelehrten, die von*

Jerusalem gekommen waren; und als sie einige seiner Jünger mit unreinen, das ist ungewaschenen Händen Brot essen sahen – denn die Pharisäer und alle Juden essen nicht, wenn sie sich nicht sorgfältig die Hände gewaschen haben, indem sie die Überlieferung der Ältesten festhalten; und vom Markt kommend, essen sie nicht, wenn sie sich nicht gereinigt haben; und vieles andere gibt es, was sie zu halten überkommen haben: Waschungen der Becher und Krüge und Kupfergefäße –, fragen ihn die Pharisäer und die Schriftgelehrten: Warum leben deine Jünger nicht nach der Überlieferung der Ältesten, sondern essen das Brot mit unreinen Händen? Er aber sprach zu ihnen: Trefflich hat Jesaja über euch Heuchler geweissagt, wie geschrieben steht: ,Dieses Volk ehrt mich mit den Lippen, aber ihr Herz ist weit entfernt von mir. Vergeblich aber verehren sie mich, indem sie als Lehren Menschengebote lehren.' Ihr gebt das Gebot Gottes preis und haltet die Überlieferung der Menschen fest. ... Und er sprach zu ihnen: Trefflich hebt ihr das Gebot Gottes auf, damit ihr eure Überlieferung haltet. Denn Mose hat gesagt: ,Ehre deinen Vater und deine Mutter!' und: ,Wer Vater oder Mutter flucht, soll des Todes sterben.' Ihr aber sagt: Wenn ein Mensch zum Vater oder zur Mutter spricht: Korban – das ist eine Opfergabe – sei das, was dir von mir zugute gekommen wäre, laßt ihr ihn nichts mehr für Vater oder Mutter tun, indem ihr das **Wort Gottes ungültig macht durch eure Überlieferung,** *die ihr überliefert habt; und Ähnliches dergleichen tut ihr viel."*

Ich möchte zu dem Paralleltext dieses Abschnittes (Matthäus 15,1-9) auszugsweise eine Auslegung der Wuppertaler Studienbibel wiedergeben, die die geschichtlichen Hintergründe zu dieser Aussage näher erläutert: „Immer mehr hat man sich in der Hauptstadt Jerusalem mit dem schweren Problem" befaßt, daß Jesus und Seine Jünger sich nicht an die Überlieferungen der Alten gehalten haben. „Die Anklage gegen Jesus, die bis zur höchsten geistlichen Behörde nach Jerusalem gedrungen war, lautete: ‚Die Jünger Jesu übertreten die Überlieferungen, d. h. die aus dem mosaischen Gesetz abgeleiteten rabbinisch-pharisäischen Satzungen der Alten.' Die Nichtbeachtung dieser zur Zeit Jesu noch m ü n d l i c h weitergegebenen Vorschriften, später aber im Talmud schriftlich festgelegten rabbinischen Sonderverordnungen war ein schweres Verbrechen. Diese Vorschriften galten für so verpflichtend streng, daß nach dem Talmud sogar die Verbannung (Exkommunikation) auf die Übertretung gesetzt war. Es galt in Israel zur Zeit Jesu und auch schon lange vor Jesu Auftreten neben dem Gesetz des Moses (der Thora), das im Alten Testament stand, noch das andere Gesetz, und zwar in gleicher Wertung wie die Schrift, nämlich die sogenannte Satzung der Alten oder die Überlieferung!"[25]

Die Pharisäer hatten also neben der Schrift noch ein von Menschen gemachtes Gesetz, das Erläuterungen und Ergänzungen zu den einzelnen Worten der Bibel enthielt. Diese stammten von bedeutenden Lehrern der Vorzeit und hatten ursprünglich den Sinn, einen „Zaun" um die Thora zu bilden, um durch diese über das Gesetz Mose hinausgehenden Vorschriften das Übertreten des eigentlichen Gesetzes unmöglich zu machen. Mit der Zeit aber wurden diese Satzungen der Alten so wichtig, daß sie nicht mehr als Ergänzung gesehen wurden, sondern man sie noch über das Wort Gottes stellte und strikten Gehorsam verlangte.

Ein wichtiger Teil der Überlieferung der Ältesten betraf das Gesetz der Reinheit, worauf sich die Pharisäer beim fehlenden Händewaschen der Jünger Jesu bezogen. Das mosaische Gesetz verbot in 3. Mose 15 nur, Heiliges, d.h. geopferte Gaben, mit ungewaschenen Händen zu essen. Die Schriftgelehrten aber geboten, vor jeder Mahlzeit die Hände zu waschen. Als Mahl-

---

[25] Fritz Rienecker. Wuppertaler Studienbibel, Matthäus-Evangelium. R. Brockhaus-Verlag: Wuppertal, 1961. S. 208-209

zeit zählte auch Brot essen, das bei den Juden als Hauptspeise galt, da man es zu jedem Gang aß und auch andere Speisen darin einwickelte, weil Messer und Gabel nicht im Gebrauch waren.

Wie eine solche Händewaschung auszusehen hatte, war bis ins Detail vorgeschrieben. Die Hände mußten zweimal bis zum Handgelenk aus einem Gefäß mit Wasser übergossen werden, da sie bis dorthin unrein waren. Bei der ersten Abspülung durfte aber nichts auf der Hand liegen wie z.B. ein Holzsplitter oder ein Steinchen, sonst wäre diese Stelle und somit die ganze Hand unrein geblieben. Noch genauer mußte man bei der zweiten Abspülung aufpassen etc. Auch sonst bestanden noch eine Menge Vorschriften über die Art des Gefäßes, über die Weise des Aufgießens, wieviel Personen sich gemeinsam aufgießen lassen durften, wer zum gültigen Aufgießen geeignet war usw. Über diese, nach Meinung der Pharisäer und Schriftgelehrten sehr wichtigen Satzungen hatten sich die Jünger Jesu hinweggesetzt, und Jesus bestrafte sie nicht.

Wir sehen also, daß es nur menschliche Gesetze waren, die Jesus nicht beachtete, und das aus gutem Grund. Er hielt nämlich die Pharisäer für die eigentlichen Gesetzesübertreter, wie in Jesu Aussage deutlich wird: *„Ihr gebt das Gebot Gottes preis und haltet die Überlieferung der Menschen fest"* (Markus 7,8). Das war ein wirklich schweres Vergehen!

Für Jesus war nur das Gesetz Gottes bindend, zu dem die Satzungen der Ältesten zum Teil sogar in Widerspruch standen, wie Er ihnen am Beispiel des Elterngebotes nachweist. Er erinnert sie: *„Mose hat gesagt: ‚Ehre deinen Vater und deine Mutter!' und: ‚Wer Vater oder Mutter flucht, soll des Todes sterben'"* (Markus 7,10). Die pharisäische Satzung lautete: „Ein Kind, das seine alten Eltern unterstützen soll, kann sich aus dieser Verpflichtung lösen, wenn es dem Herrn ein Geldopfer gelobt, das dem Tempel gegeben wird." Die Unterstützungsgabe an die Eltern nannte man Korban, zu Deutsch „Armengut". Die Satzungen der Alten besagten also, daß man sich durch ein Gottesopfer der Fürsorgepflicht für die Eltern entledigen konnte. Diese offensichtliche Bosheit der Kinder wurde von den Pharisäern nicht kritisiert, sondern noch gelobt, weil man diese Gabe an den Tempel als besonderes religiöses Opfer wertete. Jesus nennt dieses Verhalten beim Namen. Er sagt: „Ihr Heuchler! Eure Frömmigkeit ist Lippendienst. Euer Herz ist weit entfernt von Gott. Ihr haltet menschliche Gebote, gebt dafür aber Gottes Gebote preis!"

Das 5. Gebot heute

Natürlich zahlt man heutzutage kein „Korban" mehr an seine alten Eltern. Dennoch gilt auch uns die Frage: Versuchen auch wir, uns auf die eine oder andere Weise der Fürsorgepflicht für unsere Eltern zu entledigen? Haben auch wir Ausreden parat, um in Wahrheit unseren egoistischen Wünschen nachzugehen? Sind unsere Eltern im Wege, wenn wir uns „selbstverwirklichen" wollen? Sicher gibt es Situationen, in denen es tatsächlich unmöglich ist, selbst für seine Eltern zu sorgen. Manche Tochter ist gesundheitlich schwächer als die Mutter und ist somit nicht in der Lage, die Betreuung zu übernehmen. Wenn Eltern aber ins Altersheim abgeschoben werden, weil sie der Bequemlichkeit der Jungen im Wege sind, verletzen wir damit in hohem Maße das von Gott gegebene Versorgungsgebot.

Vater und Mutter zu ehren, betrifft übrigens nicht nur die materielle Versorgung, sondern auch generell den respektvollen Umgang mit Älteren. Das schließt auch unsere Väter und Mütter in Christo ein. Ich bin sehr betroffen, wie manchmal in Gemeinden Brüder und Schwestern, die über Jahre und Jahrzehnte treu dem Herrn gefolgt sind und Gott gedient haben, einfach achtlos beiseite geschoben werden und man ihre Meinung als überholt und altmodisch abtut. Sicher machen auch unsere älteren Geschwister Fehler, aber wir sind dennoch verpflichtet, ihnen Respekt und Anerkennung entgegenzubringen, wenn wir das fünfte Gebot ernst nehmen.

Mir ist bewußt, daß man sich bei der Entscheidung, wie weit der Gehorsam Eltern gegenüber geht, in einem Spannungsfeld befindet. Muß ich auch dann gehorchen, wenn Vater und Mutter etwas verlangen, was im Widerspruch zu meinem Gewissen oder – noch wichtiger – zum Willen Gottes steht? Um diese Frage zu beantworten, sollten wir uns das Leben Jesu näher ansehen und uns an Seinem Beispiel orientieren.

Jesus und das 5. Gebot

Im Alter von zwölf Jahren reiste Jesus mit Seinen Eltern nach Jerusalem. Auf dem Rückweg wurde Er auf einmal vermißt – Er war im Tempel zurückgeblieben, obwohl das für Seine Eltern große Angst und Traurigkeit mit sich brachte. Wieso tat Jesus so etwas? Die Antwort ist, daß es durchaus Situationen geben kann, in denen wir Gott mehr gehorchen müssen als Menschen. Das gilt im übrigen nicht nur bei Eltern, sondern z.B. auch im Umgang mit Vorgesetzten und der Obrigkeit (vgl. Apostelgeschichte 5,29). Nach diesem Zwischenfall lesen wir aber etwas Interessantes in Lukas 2,51: *„Und er ging mit ihnen hinab und kam nach Nazareth, und er war ihnen untertan."* Jesus befolgte also sehr wohl das fünfte Gebot.

Selbst am Kreuz von Golgatha, als Er die gewaltige Tat der Erlösung vollbrachte, kam Er noch der Fürsorgepflicht für Seine Mutter nach. Wir lesen in Johannes 19,27, wie Er Maria Seinem Lieblingsjünger Johannes ans Herz legte, indem Er zu diesem sagte: *„Siehe, deine Mutter!" „Und von jener Stunde an nahm der Jünger sie zu sich."*

Das 5. Gebot – weitere biblische Beispiele

Auch Josef ehrte seinen Vater, als er Kanzler in Ägypten war. Als Jakob aufgrund der Hungersnot in Israel in Ägypten lebte und dort kurz vor seinem Tod seine Söhne segnete, heißt es in 1. Mose 48,12 (LÜ '84): *„Josef verneigte sich vor ihm zur Erde."*

Bei Salomo sehen wir, wie er seiner Mutter Batseba Respekt und Ehre zuteil werden ließ. In 1. Könige 2,19 wird berichtet: *„So ging Batseba zum König Salomo hinein, um mit ihm wegen Adonija zu reden: Und der König erhob sich, kam ihr entgegen und beugte sich vor ihr nieder. Dann setzte er sich auf seinen Thron und ließ einen Thron für die Königinmutter aufstellen; und sie setzte sich zu seiner Rechten."*

Auch Paulus beschäftigt sich mehrmals mit dem fünften Gebot, so in Kolosser 3,18-20. Im Zusammenhang mit der Unterordnung der Frau wendet er sich auch an die Kinder: *„Ihr Frauen, ordnet euch euren Männern unter, wie es sich im Herrn geziemt. Ihr Männer, liebt eure Frauen und seid nicht bitter gegen sie. Ihr Kinder, gehorcht euren Eltern in allem, denn dies ist wohlgefällig im Herrn."* Und im nächsten Satz (Vers 21): *„Ihr Väter, reizt eure Kinder nicht, damit sie nicht mutlos werden."* In Epheser 6,1-3 drückt sich Paulus etwas anders aus: *„Ihr Kinder, gehorcht euren Eltern im Herrn, denn das ist recht. ‚Ehre deinen Vater und deine Mutter' – das ist das erste Gebot mit Verheißung – ‚auf daß es dir wohlgehe und du lange lebst auf der Erde.'"* Und auch hier sofort wieder im Anschluß (Vers 4): *„Und ihr Väter, reizt eure Kinder nicht zum Zorn, sondern zieht sie auf in der Zucht und Ermahnung des Herrn."*

An diesen Bibelstellen sehen wir, daß es bei dem Elterngebot nicht um blinden Gehorsam geht, sondern um eine Beziehung, die „im Herrn" stattfindet. Das bedeutet, daß wir unter der Führung des Heiligen Geistes und gefestigt in Gottes Wort nicht nur in der Lage sind, unseren Eltern gehorsam zu sein, sondern auch als Heranwachsende in einer veränderten Beziehung ihnen nach wie vor Ehre und Respekt entgegenbringen. Dabei haben natürlich auch die Eltern die Pflicht, ihren Kindern rechte Eltern „im Herrn" zu sein, denn das Gebot berechtigt nicht zur Tyrannei. Dies ist übrigens in keinem Gebot der Fall, wie wir an den Ermahnungen des Paulus deutlich sehen. Auch in der Ehe soll das Miteinander in der Ordnung Gottes in Liebe geschehen und nicht als Herrschaftsanspruch des Mannes verstanden werden.

In jeder Eltern-Kind-Beziehung kommt aber die Zeit, in der Kinder keine Kinder mehr sind und Eltern loslassen müssen. Dann *„wird ein Mann seinen Vater und seine Mutter verlassen und seiner Frau anhangen, und sie werden ein Fleisch sein"* *(1. Mose 2,24)*. Doch auch für diese Zeit gilt das Elterngebot, wenn auch in anderer Form.

Vater und Mutter zu ehren, bedeutet also, den Eltern in der Kindheit zu gehorchen, ihnen im mündigen Alter Respekt zu erweisen und sie im Alter zu versorgen. Dazu gebe Gott Gnade!

6. Gebot: Du sollst nicht töten I[26]

„Du sollst nicht töten.“ (2. Mose 20,13)

Wie erwähnt, schrieb Gott die Zehn Gebote mit Seinem eigenen Finger (2. Mose 31,18), während Er die anderen Gesetze dem Mose durch den Heiligen Geist eingab, so daß er sie dann als Mensch niederschreiben konnte. Gott wollte dadurch, daß Er die Zehn Gebote selbst auf zwei steinernen Tafeln festhielt, den unwandelbaren und ewigen Charakter dieser Verordnungen deutlich machen.

Wenn wir uns die Gebote näher ansehen, stellen wir fest, daß sie zwei verschiedene Bereiche behandeln, und zwar zum einen die Beziehung zwischen Gott und Menschen und zum anderen die Beziehung der Menschen untereinander. Wie die Gebote nun auf die zwei Tafeln aufgeteilt waren, kann man nicht mit Bestimmtheit sagen, weil die Bibel nicht darüber spricht.

Ich persönlich könnte mir gut vorstellen, daß auf jeder Tafel fünf Gebote standen, und zwar auf der ersten Tafel die Gebote, die unser Verhältnis zu Gott und die Beachtung Seiner Ehre betreffen wie: *„Du sollst keine anderen Götter haben neben mir“*, *„Du sollst dir kein Bildnis machen“*, *„Du sollst den Namen des HERRN, deines Gottes, nicht unnütz führen“* und *„Du sollst den Feiertag heiligen.“* Auch das Elterngebot *„Du sollst Vater und Mutter ehren“* gehört noch auf diese Tafel, obwohl es sicherlich auch einen Übergang zu dem Bereich der menschlichen Beziehungen darstellt.

Mit dem sechsten Gebot nach dem Heidelberger Katechismus beginnt dann die zweite Gruppe von Geboten, die das Verhältnis der Menschen untereinander regeln: *„Du sollst nicht töten“*, *„Du sollst nicht ehebrechen“*, *„Du sollst nicht steh-*

---

[26] Predigt vom 08. 11. 1998

len", „Du sollst gegen deinen Nächsten nicht als falscher Zeuge aussagen" und „Du sollst nicht ... begehren."

Wenn Gott sagt: „Du sollst nicht töten", ist das eindeutig und klar. Bei der praktischen Umsetzung dieses Gebotes ergeben sich aber dennoch Fragen, so z.B.: Wann fängt Mord eigentlich an? Wie wir wissen, wird darüber heftig diskutiert und gestritten.

Hier einige statistische Zahlen[27]: Pro Jahr werden ca. 850.000 Menschen ermordet, wobei in dieser Zahl weder die Opfer von Kriegen noch die durch Abtreibung getöteten Kinder enthalten sind. Zusätzlich sterben jedes Jahr ca. eine Million Menschen durch kriegerische Handlungen. Diese Zahlen sind natürlich erschreckend, und man fragt sich: Woher kommt eine so große Bereitschaft zur Gewalt? Die Antwort liegt leider auf der Hand: Wie berichtet wird, sieht in den USA jeder junge Mensch vor seinem 18. Lebensjahr 200.000 Gewalttaten und 25.000 Morde in Fernsehfilmen. Das dies einen prägenden Einfluß hat, steht außer Frage.

Schwerpunkt: Abtreibung

Ich möchte mich aber hier hauptsächlich mit einem bestimmten Aspekt dieses Gebotes befassen, und zwar mit dem der Abtreibung, weil mir das persönlich zu einer großen Not geworden ist. Weltweit werden pro Jahr 50 Millionen Abtreibungen vorgenommen, was ungefähr der Einwohnerzahl von England entspricht. In Japan und Frankreich wird jedes zweite Kind im Mutterleib getötet, in Deutschland und den Niederlanden jedes vierte.

Dabei gibt es meiner Ansicht nach nur einen Fall, in dem ein Schwangerschaftsabbruch gerechtfertigt ist, und zwar dann, wenn das Leben der Mutter bedroht ist und man das Leben des

---

[27] Nach: Thomas Schirrmacher. Ethik. 2 Bände. Hänssler-Verlag, Stuttgart. 1994. hier: Bd. 2. S. 679 (dort auch Quellenangabe)

Kindes opfern muß, um ihres zu retten.[28] Alles andere aber ist nach der Bibel und auch nach meiner Überzeugung Mord.

Im folgenden möchte ich mehrere Gründe anführen, **warum Abtreibung Mord ist:**

„Du sollst nicht töten" verbietet Abtreibung

Das Gebot „Du sollst nicht töten" verbietet schlicht auch die Abtreibung. Wer Abtreibung als eine Art Verhütungsmittel benutzt, um die Folgen seiner sexuellen Aktivität zu vereiteln, dem ist seine geschlechtliche Lust wichtiger als das Lebensrecht von Menschen. Wer sich so verhält, begeht eine große Sünde, auch wenn dies in unserer Gesellschaft nicht mehr so gesehen wird.

Kinder sind eine Gabe Gottes

Abtreibung ist auch Mord, weil Kinder eine Gabe und ein Segen Gottes sind. Das ist eine ganz eindeutige Botschaft der Bibel, die wir z.B. in Psalm 127,3 (LÜ '84) finden. Dort heißt es: *„Kinder sind eine Gabe des HERRN, und Leibesfrucht ist ein Geschenk."* Kinder sind also keine schwere Belastung, wie man heute oft meint, sondern spiegeln den Segen Gottes wider. Das sehen wir an vielen Bibelstellen. Einige davon werden wir uns später noch ansehen. Wenn eine Frau meint, frei entscheiden zu können, ob sie ein Baby austrägt oder nicht, irrt sie. Nicht sie hat das Recht, über Leben und Tod zu entscheiden, sondern Gott ist es, der Leben gibt und Kinder schenkt.

Das wird im Alten Testament an den Beispielen unserer „Erzmütter" – also den Ehefrauen der Erzväter Abraham, Isaak und Jakob – sehr deutlich. Sarah, Rebekka und Rahel hatten nämlich eines gemeinsam – sie waren alle unfruchtbar. Rahel wandte sich daraufhin mit einem Verzweiflungsschrei an ihren Mann: *„Schaffe mir Kinder, wenn nicht, so sterbe ich."* Jakob

---

[28] Vgl. Thomas Schirrmacher. Ethik. Bd. 2. a.a.O. S. 721f

aber antwortete zornig: *„Bin ich doch nicht Gott, der dir deines Leibes Frucht nicht geben will"* (1. Mose 30,1-2; LÜ '84). Man war sich im alten Israel also darüber im klaren, daß Kinder kein biologisches Zufallsprodukt sind, über das Menschen verfügen könnten, sondern ein Geschenk Gottes. Wir kennen auch die berühmte Geschichte von Hanna, die ebenfalls wegen ihrer Unfruchtbarkeit in großer Not war und in den Tempel ging und weinte. Als Gott ihr Flehen aber erhört und sie Samuel geboren hatte, brachte sie ihren Sohn gemäß ihres Versprechens zurück in das Haus des Herrn. Dabei war ihr Herz voller Anbetung und Dank, wie wir an ihrem wunderbaren Lobgesang sehen. Hanna war sich bewußt, daß sie ihr Kind als Geschenk aus der Hand des Herrn erhalten hatte.

Daran dürfen auch wir uns ein Beispiel nehmen. Es ist nicht einfach, sich dem Zeitgeist zu entziehen, denn heutzutage werden Kinder immer häufiger als Belastung dargestellt, weil sie angeblich der Selbstverwirklichung der Frau im Wege stehen. Wir als Christen wollen aber wieder neu lernen, Kinder als eine Gabe Gottes und einen großen Segen zu sehen. Damit ich nicht mißverstanden werde: Natürlich ist eine verantwortungsvolle Geburtenregelung sinnvoll und angebracht. Dennoch glaube ich, daß auch in unseren Gemeinden eine größere Offenheit Kindern gegenüber wünschenswert wäre.

Denn wie lautet die Prognose für das Jahr 2030 für Deutschland? „Bei gleichbleibend niedriger Geburtenrate wird sich die Zahl der Deutschen von 75 Millionen bis zum Ende dieses Jahrhunderts auf 22 Millionen verringern, wenn man von Einbürgerungen und doppelten Staatsbürgerschaften einmal absieht."[29] Wir werden also ein Volk von Grauköpfen ohne Jugend und Zukunft sein – wenn dieser Bevölkerungsrückgang

---

[29] Eckard Nickig. „Werden Deutschlands Großstädte islamisch?". in: idea Spektrum 23/2000 S. 16-18. hier S. 17 (hier auch weitere Quellenangaben)

nicht durch einen massiven Zuzug von Ausländern kompensiert wird.

Ungeborene haben eine Beziehung zu Gott

Ein weiterer Grund, warum man von der Schrift her ein Ungeborenes nicht töten darf, ist der, daß Kinder bereits im Mutterleib eine Beziehung zu Gott haben. Ein Hauptstreitpunkt in Sachen Abtreibung ist ja der, wann ein Embryo als Mensch zu betrachten ist. Dietrich Bonhoeffers Antwort lautete so: „Die Erörterung der Frage, ob es sich schon um einen Menschen handele oder nicht, verwirrt nur die einfache Tatsache, daß Gott hier jedenfalls einen Menschen schaffen wollte und daß diesem werdenden Menschen vorsätzlich das Leben genommen worden ist. Das ist aber nichts anderes als Mord.“[30]

Leib und Seele sind untrennbar verbunden, und auch ein ungeborenes Baby hat bereits eine Seele. Wenn wir nun wissen möchten, welche Beziehung schon ein kleines Kind im Mutterleib zu Gott hat, gibt uns die Bibel darauf viele Antworten, z.B. in Psalm 71,6: *„Auf dich habe ich mich gestützt von Mutterschoß an.“* Psalm 22,11: *„Auf dich bin ich geworfen von Mutterschoß her, vom meiner Mutter Leib an bist du mein Gott.“*

Im Mutterleib finden zudem Berufung und Heiligung statt, so beim Propheten Jeremia: *„Ehe ich dich im Mutterschoß gebildet habe, habe ich dich erkannt, und ehe du aus dem Mutterleib hervorkamst, habe ich dich geheiligt: zum Propheten für die Nationen habe ich dich eingesetzt“ (Jeremia 1,5).*

Aus der Weihnachtsgeschichte kennen wir die Botschaft des Engels an Zacharias, als er ihm die Geburt seines Sohnes Johannes des Täufers ankündigte und sagte: *„Und schon vom Mutterleib an wird er vom Heiligem Geist erfüllt werden“ (Lukas 1,15).* Daß mit „von Mutterleib an“ nicht erst der Zeit-

---

[30] Dietrich Bonhoeffer. Ethik. Chr. Kaiser Verlag, München: 1958[4]. S. 118

punkt nach der Geburt zu verstehen ist, wird uns ab Vers 41 erklärt: *„Und es geschah, als Elisabeth den Gruß der Maria hörte, daß das Kind in ihrem Körper hüpfte; und Elisabeth wurde mit dem Heiligen Geist erfüllt und rief mit lauter Stimme und sprach: Gesegnet bist du unter den Frauen, und gesegnet ist die Frucht deines Leibes ... Denn siehe, als die Stimme deines Grußes an mein Ohr drang, hüpfte das Kind vor Freude in meinem Körper."*

In Jesaja 49,1 sagt Jesaja über sich selbst: *„Der HERR hat mich berufen vom Mutterleib an, hat von meiner Mutter Schoß an meinen Namen genannt."* Desgleichen sagt Paulus in Galater 1,15 über sich: *„... der mich vom Leib meiner Mutter an auserwählt und durch seine Gnade berufen hat."*

Des weiteren gibt es sehr viele Verse in der Bibel, die beschreiben, wie Gott uns schuf und im Mutterleib formte. In Hiob 10,8 heißt es: *„Deine Hände haben mich ganz gebildet und bereitet."* Und in dem sehr bekannten Psalm 139: *„Denn du hast meine Nieren bereitet und hast mich im Mutterleibe gebildet. Ich danke dir dafür, daß ich wunderbar gemacht bin. Meine Seele erkennt, daß deine Werke wunderbar sind. Es war dir mein Gebein nicht verborgen, als ich im Verborgenen gemacht wurde, als ich gebildet wurde unten in der Erde. Deine Augen sahen mich, als ich noch nicht bereitet war"* (V. 13-16; LÜ '84).

Aber auch die Frage der Erbsünde bzgl. der Sündhaftigkeit des Babys vor der Geburt wird in der Schrift angesprochen. So lesen wir in Psalm 51,7: *„Siehe, in Schuld bin ich geboren, und in Sünde hat mich meine Mutter empfangen."* Und in Psalm 58,4: *„Die Gottlosen sind vom Mutterschoß an abgewichen, die Lügenredner irren vom Mutterleibe an."* Bereits Ungeborene haben eine Beziehung zu Gott und stehen durch die Erbsünde unter Verdammnis. Nur durch die Gnade Gottes werden sie angenommen.

Auch über den eventuellen Tod eines Ungeborenen spricht die Bibel. Hiob sagt in Kapitel 3, Vers 11: *„Warum starb ich nicht von Mutterleib an?"* *(LÜ '84)* oder *„im Mutterleib"* *(vgl. Hiob 10,18; Jeremia 20,17-18).* Im Mutterleib kann man also sterben. Das zeigt, daß Hiob bereits einen Embryo als vollwertigen Menschen anerkennt und nicht als unvollständiges Etwas ansieht, das man einfach beseitigen kann. Nein, wenn das von Gott gegebene Leben eines Kindes im Mutterleib beendet wird, nennt die Bibel dies Tod und Sterben – also Mord.

In Kapitel 10,19 sagt Hiob: *„Wäre ich doch vom Mutterschoß zum Grab geleitet worden."* Ein im Mutterleib gestorbenes Kind soll der Bibel nach also sogar beerdigt werden.

Abtreibung ist im mosaischen Gesetz verboten

Abtreibung ist auch im Zivilgesetz, das dem Mose übermittelt wurde, verboten. In 2. Mose 21,22-25 lesen wir: *„Wenn Männer sich raufen und dabei eine schwangere Frau stoßen, so daß ihr die Leibesfrucht abgeht, aber kein weiterer Schaden entsteht, so muß dem Schuldigen eine Geldbuße auferlegt werden ... Falls aber ein weiterer Schaden entsteht, so sollst du geben Leben um Leben, Auge um Auge ..."* Wenn man solche Aussagen der Bibel über den Umgang mit einem von Gott geschenkten, ungeborenen Kind mit der heutigen Realität vergleicht, steht einem das große Unrecht, das beständig in unserem Land begangen wird, nur zu deutlich vor Augen.

Was können wir als Christen dagegen tun?

Nun, als erstes dürfen wir beten, und zwar nicht nur für betroffene Mütter und Väter, sondern auch für unsere Regierung und für die Instanzen, die die Grundwerte in unserer Gesellschaft besonders prägen, wie z.B. die Kirchen. Wir wollen beten, daß Pfarrer klar zu den Aussagen der Bibel stehen und somit Menschen eine wirkliche Hilfe sein können.

Nebenbei erwähnt, ist es interessant zu sehen, daß besonders diejenigen, die sich gegen die Todesstrafe aussprechen, nichts dabei finden, wenn schuldlose, ungeborene Kinder umgebracht werden. Dabei findet man in der Bibel durchaus einen Rückhalt dafür, daß ein Verbrecher von einem ordentlichen Gericht in einem Rechtsstaat zum Tode verurteilt werden kann.

Vor allem wollen wir als Christen aber selbst vorbildlich leben. Das bedeutet zum einen, daß wir uns gegen Abtreibung aussprechen, natürlich bei uns selbst, aber auch in unserem Bekanntenkreis. Zum anderen heißt es aber auch, selbst offen für Kinder zu sein. Leider ist dies auch bei Christen nicht mehr selbstverständlich. Manche wollen lieber keine Kinder, weil dies Einschränkungen zur Folge hätte – die Karriere der Frau leidet darunter, man kann nicht mehr so oft in den Urlaub fahren oder muß sich mit Garderobe von der Stange begnügen, statt sich teure Designer-Kleidung leisten zu können.

Deswegen möchte ich heute dazu aufrufen, Kinder nicht länger als Behinderung und Belastung zu empfinden, sondern sie als das zu sehen, was sie der Bibel nach sind – ein großer Segen Gottes! So laßt uns freudig Väter und Mütter sein und uns nicht der Meinung der Welt anschließen. Was spricht dagegen, drei, vier, fünf oder gar sechs Kinder zu haben, wenn die Mutter es wünscht und es ihrem Körper gut möglich ist?

Wir wollen auch heute noch unser Apfelbäumchen pflanzen und voller Zuversicht in die Zukunft schauen. Gott wird für unsere Kinder sorgen und sie bewahren, auch wenn die Zeiten schlechter werden. Uns kann nichts passieren, was Gott nicht zugelassen hätte, und selbst wenn wir sterben müssen, wissen wir doch, wohin wir gehen, nämlich direkt in den Himmel. Also: Seid fruchtbar und mehret euch durch die Gnade Gottes!

Ein Trost für diejenigen, die keine Kinder bekommen können: Ihr dürft beten, wie auch die Menschen in der Bibel gebetet haben. Es kann sein, daß Gott euer Gebet erhört. Und wenn Er das nicht tut, dürft ihr trotzdem Kinder haben, und zwar in der Weise, daß ihr euren Glauben an andere Menschen weitergebt. Dann erlebt ihr den großen Segen geistlicher Vater- und Mutterschaft. Und nicht zuletzt wollen wir mit neuer Hingabe und Glaubensmut daran arbeiten, daß Seelen für Jesus gewonnen werden. Wenn mehr und mehr Menschen von neuem geboren sind und die Bibel als Maßstab für ihr Leben anerkennen, werden wir eine umwälzende Veränderung in unserer Gesellschaft erleben und sehen, daß auch Kinder wieder als das gesehen werden, was sie sind: ein großes Geschenk unseres liebenden himmlischen Vaters!

6. Gebot: Du sollst nicht töten II[31]

„Du sollst nicht töten." (2. Mose 20,13)

Was ist mit Todesstrafe

Eines der bekanntesten Gebote Gottes lautet: *„Du sollst nicht töten".* Heutzutage benutzen sehr viele Menschen, auch Nichtchristen, dieses Gebot gern als biblisches Beweisstück gegen die Todesstrafe. Wie immer man zur Frage der Todesstrafe steht, eines jedoch ist nicht möglich, nämlich ihre Ablehnung mit der Bibel zu begründen. Denn die Bibel lehrt uns unmißverständlich, daß Gott Herr über Leben und Tod ist und daß Er sich vorbehalten hat, Menschen mit dem Tod zu bestrafen, ja sogar auch mit dem ewigen Tod.

Deswegen lesen wir in Gottes Wort, daß wir uns nicht selbst rächen, sondern alles Gericht Gott überlassen sollen. Paulus schreibt: *„Rächt euch nicht selbst, meine Lieben, sondern gebt Raum dem Zorn Gottes; denn es steht geschrieben: ‚Die Rache ist mein; ich will vergelten, spricht der Herr'"* (Römer 12,19; LÜ '84). Und dieses Sein Recht, zu richten und zu bestrafen, übt Gott in dieser Welt nicht zuletzt auch durch staatliche Obrigkeit aus. Wörtlich heißt es von ihr: *„Denn sie trägt das Schwert nicht umsonst, denn sie ist Gottes Dienerin, eine Rächerin zur Strafe[32] für den, der Böses tut"* (Römer 13,4). Die Obrigkeit ist also Gottes Dienerin und hat den Auftrag, Sein Gericht auf Erden zu vollziehen und wenn es sein muß, auch durch das Schwert. Denn derselbe Gott, der in Seinem Gesetz gesagt hat: „Du sollst nicht töten!", der hat in demselben Gesetz für bestimmte Verbrechen die Todesstrafe angeordnet. Wollen wir Gottes Wort als Ganzes gelten lassen, dann können wir

---

[31] Radiosendung vom 11. 04. 1999

[32] Bei dem griechischen Wort für „Strafe" handelt es sich um das gleiche, das Paulus zuvor in 12,19 für „Zorn" benutzt hatte. Daraus können wir schließen, daß es Situationen gibt, in denen Gott Seine Rache an Stellvertreter delegiert.

nicht Sein unauflösbares Gesetz zerteilen, indem wir bejahen, was uns gefällt, aber ablehnen, was wir nicht mögen.

Das hat Jesus auch nicht getan. Im Gegenteil, Er hat die alttestamentliche Todesstrafe bestätigt, indem Er zu Petrus sagte: *„Stecke dein Schwert wieder an seinen Ort! Denn alle, die das Schwert nehmen, werden durchs Schwert umkommen"* (*Matthäus 26,52*). Und so erinnerte Christus Seinen Jünger an die alte, aber immer noch gültige Grundordnung Gottes, die da lautet: *„Wer Menschenblut vergießt, dessen Blut soll durch Menschen vergossen werden"* (*1. Mose 9,6*). Wenn also ein ordentliches Gericht nach einem fairen Prozeß als Strafe den Tod festsetzt, wie beispielsweise bei den Naziprozessen nach dem Krieg in Nürnberg, dann ist das nicht gegen die Bibel.

Nun möchte ich allerdings dieses Kapitel nicht als Plädoyer für die Einführung der Todesstrafe verstanden wissen, aber dennoch zeigen, daß ein freiheitlicher Staat von der Bibel her das Recht erhalten hat, das Schwert zu führen, sei es aufgrund von ordentlichen Gerichtsurteilen oder auch aufgrund von notwendiger Landesverteidigung. Gegen ein solches rechtsstaatliches Handeln ist das Gebot nicht.

Ich halte es für eine große Heuchelei, allzugern den Staat zu beschuldigen und selbst die Hände in Unschuld zu waschen. Denn das sechste Gebot heißt nicht: „Der Staat soll nicht töten." Es heißt auch nicht: „Dein Nächster soll nicht töten!" Sondern es heißt: „**Du** sollst nicht töten!" Es geht also um dich und um mich, um jeden ganz persönlich. Und da stehlen wir uns sehr gern davon.

Mord im Herzen

Jetzt entgegnest du vielleicht und sagst, daß du kein Mörder seist und doch noch niemanden umgebracht hast. Wirklich nicht? Wenn es nach dem Urteil der Bibel geht, ist jeder, der seinen Mitmenschen haßt, bereits ein Totschläger. Der Apostel Johannes schreibt wörtlich: *„Wer seinen Bruder haßt, der ist*

ein Totschläger" *(1. Johannes 3,15; LÜ '84).* Die Übertretung
auch des sechsten Gebotes beginnt also im Herzen. Und genauso hat es der Herr Jesus gesagt: *„Denn aus dem Herzen kom-*
men böse Gedanken, **Mord,** *Ehebruch, Unzucht, Diebstahl,*
falsches Zeugnis, Lästerung" *(Matthäus 15,19; LÜ '84).* Wer
einem Menschen gegenüber also Haß im Herzen hat, der macht
sich in den Augen Gottes bereits des Totschlags schuldig. Mit
dem Haß geht auch der Zorn einher. Ihn sieht die Bibel als
sündige Vorstufe zum Mord. Hören wir einige Schriftstellen
dazu: In Esther 5,9 lesen wir, daß Zorn Mord plant. Wenn du
also in deinem Herzen Zorn hast und der nicht gezügelt wird,
ist es gut möglich, daß es irgendwann auch zum Mord kommt.
Denn in Sprüche 27,4 (Sch) heißt es: *„Grausam ist der Zorn."*
Und in Amos 1,11 steht, daß Zorn andere *„zerfleischt".* In
1. Mose 49,6-7 (LÜ '84) lesen wir: *„In ihrem Zorn haben sie*
Menschen gemordet."

Wie in allen Zehn Geboten geht es also auch im sechsten
Gebot nicht nur um die konkrete Tat eines Mordes, sondern
auch um das, was möglicherweise zu einem solchen Verbrechen führen kann. Martin Luther schreibt in seinem großen
Katechismus: „Denn wo das Totschlagen verboten ist, da ist
auch aller Anlaß verboten, aus dem es zum Totschlagen kommen kann."[33] Und das ist Haß, Groll, Bitterkeit, Grimm und
Zorn. Dieser Zusammenhang wurde von den Pharisäern immer
verdrängt. Für sie war die Welt in Ordnung, solange niemand
einen „richtigen" Mord beging. Jesus deckt aber ihr falsches
Denken auf, indem Er sagt: *„Ihr habt gehört, daß zu den Alten*
gesagt ist: ‚Du sollst nicht töten'; wer aber tötet, der soll des
Gerichtes schuldig sein. Ich aber sage euch: Wer mit seinem
Bruder zürnt, der ist des Gerichtes schuldig; wer aber zu
seinem Bruder sagt: Du Nichtsnutz!, der ist des Hohen Rats

---

[33] Martin Luther. Der große Katechismus. in: Calwer Lutherausgabe. hrsg.
von Wolfgang Metzger. 10 Bände. Neuauflage Hänssler-Verlag: Neuhausen-
Stuttgart, 1996. hier Bd. 1 S. 58

schuldig; wer aber sagt: Du Narr!, der ist des höllischen Feu-
ers schuldig" (Matthäus 5,21-22; LÜ '84).

Persönliche Konsequenzen

Laßt uns niemals stolz darauf sein, daß wir noch niemand umgebracht haben. Wenn Groll und Verbitterung unser Herz regiert, sind wir schneller dabei, als wir denken. Wieviele Mörder haben hinterher gesagt, daß sie so etwas niemals tun wollten. Und doch haben sie es getan. Einst liebten sie ihre Frau, aber später haßten sie sie und taten unbeherrscht, was sie nie wollten.

Bevor Kain seinen Bruder Abel umbrachte, hatte Gott ihn noch gewarnt und gerufen: *„Wenn du fromm bist, so kannst du frei den Blick erheben. Bist du aber nicht fromm, so lauert die Sünde vor der Tür, und nach dir hat sie Verlangen; du aber herrsche über sie"* (1. Mose 4,7; LÜ '84). Kain hatte aber kein frommes Herz. Es war voller Eifersucht gegen Abel und deshalb auch voller Zorn. Die Sünde des Totschlags lauerte vor der Tür, aber er konnte seinen Groll nicht in den Griff bekommen. Darum wurde er zum Mörder. Er war es schon vor der Tat in seinem Herzen und in seinen Gedanken.

Ich werde innerlich sehr gemahnt, einen ernsten Appell weiterzugeben. Auch dein Herz ist möglicherweise voller Eifersucht, ja eine böse Verbitterung tobt in deiner Seele, glühender Zorn hat sich in deiner Brust festgebissen. Mein Freund, ich warne dich: *Die Sünde lauert auch vor deiner Tür, du aber herrsche über sie!*

Du fragst jetzt: „Pastor, wie kann ich denn über meinen Groll und meine Verbitterung herrschen? Der Haß und die Vergeltungssucht beherrschen mich doch?" Ja, du hast recht. Deshalb rufe ich dir diese Antwort zu: „Erkenne, daß diese deine Haßgefühle, deine Rachegedanken und deine bösen Worte vor Gott bereits als Tötung gelten. Du mußt nicht erst morden, sondern du hast es schon in deinem Herzen getan. Du hast bereits das sechste Gebot übertreten. Siehst du, wie böse du bist? Willst du nicht darüber weinen und zerbrechen, daß du so böse bist? Darum tue Buße und bitte Gott aus der Tiefe deines Herzens um Vergebung.

Aus eigener Kraft kannst du dich nicht von den Ketten der Verbitterung befreien. Darum rufe gerade jetzt Jesus an, dich aus dem Kerker der bösen Gedanken zu erlösen. Nur Er kann dein Herz verändern und dir eine neue Gesinnung schenken. Er nimmt dir dein hartes und steinernes Herz heraus und schenkt dir ein weiches und zartes Herz. Die Liebe Gottes wird durch den Heiligen Geist in dein Herz ausgegossen, und du wirst ein völlig neuer Mensch. Du empfängst Kraft von oben, sogar deine ärgsten Feinde zu lieben, und es wird dir eine Freude sein, *„alles abzulegen – Zorn, Grimm und Bosheit"* (*Kolosser 3,8; LÜ '84*) – und mit Freuden die Ermahnung der Bibel zu befolgen, die da lautet: *„Seid aber untereinander freundlich und herzlich und vergebt einer dem andern, wie auch Gott euch vergeben hat in Christus"* (*Epheser 4,32; LÜ '84*). Heute noch wird dieses Wunder an dir geschehen, ich glaube es und bete dafür, in Jesu Namen.

7. Gebot: Du sollst nicht ehebrechen I[34]

„Du sollst nicht ehebrechen."   (2. Mose 20,14)

Vorbemerkung

Bevor wir uns mit dem heutigen Bibeltext beschäftigen, möchte ich zuvor eine kleine Bemerkung zu unserer Predigtreihe über die Zehn Gebote machen: Bislang kamen nach jedem Gottesdienst, egal über welches Gebot ich auch gesprochen hatte, Geschwister und Freunde zu mir, die mich bezüglich meiner Predigt kritisierten. Sie meinten, ich hätte sie in der Verkündigung persönlich ansprechen wollen, um ihnen quasi verdeckt einmal die Meinung zu sagen.

Das ist natürlich niemals der Fall gewesen. Wenn ich das Wort Gottes verkündige, ist es meine Aufgabe, es erklärend darzulegen, wobei meine Auslegungen selbstverständlich nicht den Charakter der Unfehlbarkeit haben. Doch es kann sein, daß Gott meine Predigt benutzt und durch Seinen Geist einen meiner Zuhörer von seiner Sünde überführt. Wenn du dich also angesprochen fühlst, tue Buße. Wenn die Ermahnungen einer Predigt nicht auf dich zutreffen und dein Herz dich nicht verklagt, laß sie einfach stehen. Vielleicht spricht Gott ja gerade mit deinem Nachbarn.

Eine der Eigenschaften des Wortes Gottes ist es nämlich, daß es straft. In Hebräer 4,12 (LÜ '84) lesen wir: *„Denn das Wort Gottes ist lebendig und kräftig und schärfer als jedes zweischneidige Schwert, und dringt durch, bis es scheidet Seele und Geist, auch Mark und Bein, und ist ein Richter der Gedanken und Sinne des Herzens."* Das ist dem Menschen natürlich unangenehm. Gerade das war die Last der Propheten. Jeremia war z.B. stets bemüht, das Wort Gottes sorgfältig weiterzugeben. Eines Tages war er jedoch so müde von dem ständigen

---

[34] Predigt vom 13. 12. 1998

Widerspruch seiner Zuhörer, daß er den Tag verwünschte, an dem ihn seine Mutter geboren hatte (Jeremia 20,14).

Auch für mich ist es eine Last, wenn Gott mir eine Botschaft auf mein Herz legt, weil die Wahrheit des Wortes Gottes uns immer herausfordert und oft auch überführt. Wenn ich jetzt das Gebot der ehelichen Treue behandle, sei also sicher, daß ich mit meinen Worten niemanden anklagen oder verurteilen will. Für Gott sind wir alle Sünder, vor allem wenn wir daran denken, wie Jesus erklärt, daß Ehebruch schon im Herzen und in den Gedanken anfängt. Deswegen hat niemand das Recht, den ersten Stein zu werfen.

Nach dieser Vorbemerkung nun zu unserem Bibeltext. Was versteht die Bibel unter Ehe?

Die Ehe ist ein Bund

Die Ehe ist ein Bund (vgl. Maleachi 2,14), durch den eine Blutsverwandtschaft hergestellt wird, die jeden anderen Verwandtschaftsgrad bei weitem übertrifft. Auf diese Weise werden zwei Menschen zu einer untrennbaren Einheit zusammengeschmiedet. Man hat also keinen engeren Verwandten als seinen Mann oder seine Frau. Sogar die Beziehung zwischen Mutter und Kind, die ebenfalls sehr eng und intensiv ist, ist der Verwandtschaft zwischen Mann und Frau untergeordnet. Deswegen heißt es in 1. Mose 2,24: *„Ein Mann wird Vater und Mutter verlassen und seiner Frau anhängen"* oder wörtlich: *„an ihr kleben."* Die Verbindung zwischen Eltern und Kind wird also zugunsten des Eheverhältnisses gelockert bzw. ein Stück weit aufgegeben.

Und diese eheliche Einheit zwischen Mann und Frau sollen wir als von Gott gegeben ansehen. Darum lesen wir: *„Was nun Gott zusammengefügt hat, soll der Mensch nicht scheiden"* *(Matthäus 19,6).* Ehe hat also nicht nur etwas mit dem anderen Partner zu tun, sondern auch und gerade mit Gott. Die Ehe kommt von Ihm, sie ist Sein Geschenk, Seine Gabe. Er hält sie so heilig, daß Er den Bund der Ehe sogar zum Gleichnis für seinen eigenen Bund macht, den Er mit Menschen schließt. Deswegen kann der Apostel Paulus die Ehe auch als Bild für das Verhältnis von Christus zu Seiner Gemeinde benutzen und schreiben: *„Ihr Männer, liebt eure Frauen! wie auch der Christus die Gemeinde geliebt und sich selbst für sie hingegeben hat"* (Epheser 5,25).

Diesen Vergleich zwischen Ehebund und Gottesbund finden wir schon im Alten Testament. In Sprüche 2 lesen wir in den Versen 11-17: *„Besonnenheit wacht über dir, ... um dich zu retten von der fremden Frau, ... **die den Vertrauten ihrer Jugend verläßt und den Bund ihres Gottes vergißt.**"* Wer den Bund der Ehe bricht, bricht also auch seinen Bund mit Gott.

Ich komme noch einmal zu der bereits erwähnten Stelle in Epheser 5 zurück, deren Zusammenhang uns auch etwas über das Verhältnis von Mann und Frau erklärt. Es soll nämlich das gleiche sein, wie es Christus zu Seiner Gemeinde hat. In Vers 21-22 lesen wir: *„Ordnet euch einander unter in der Furcht Christi, die Frauen den eigenen Männern als dem Herrn."* Gott vergleicht das Verhältnis der Gotteskinder zu ihrem Herrn also mit dem Verhältnis unter Ehepartnern.

Weiter heißt es (Verse 25+28): *„Ihr Männer, liebt eure Frauen,"* – und zwar wie? Nun kommt die Beschreibung des Bundes – *„wie auch der Christus die Gemeinde geliebt und sich selbst für sie hingegeben. So sind auch die Männer schuldig, ihre Frauen zu lieben wie ihre eigenen Leiber."* Und: *„Wer seine Frau liebt, der liebt sich selbst."*

Dieser letzte Satz stellt keine Aufforderung dar, sich um Selbstliebe zu bemühen. Eine solche Ermahnung gibt es in der ganzen Bibel nicht. Denn ihre Grundlehre dazu lautet: *„Niemand hat jemals sein eigenes Fleisch gehaßt"* (Epheser 5,29). Die Selbstliebe ist also jedem Menschen von Natur aus eigen. Heute wird oft gesagt: „Du mußt dich erst einmal selbst lieben, dann kannst du andere lieben." Meiner Meinung nach ist das eine Art moderne Psycho-Floskel, aber keine biblische Wahrheit. Was Paulus hier meint, ist, daß die Selbstliebe des Mannes seine eigene Frau mit einbezieht, denn sie ist ja ein Fleisch mit ihm. Der ganze Abschnitt dazu lautet so: *„Denn niemand hat jemals sein eigenes Fleisch gehaßt, sondern er nährt und pflegt es, wie auch der Christus die Gemeinde. Denn wir sind Glieder seines Leibes. Deswegen wird ein Mensch Vater und Mutter verlassen und seiner Frau anhängen, und die zwei werden ein Fleisch sein"* (Epheser 5,29-31). Und nun faßt der Apostel zusammen (Vers 32): *„Dieses Geheimnis ist groß, ich aber deute es auf Christus und die Gemeinde."* So heilig ist für Gott die Ehe! Deswegen kann man sagen: **Ehebruch ist nicht Wortbruch oder Vertragsbruch, sondern Bundesbruch mit Gott!**

Ich will noch ein Wort zitieren, das diese Wahrheit unterstreicht, und zwar in Maleachi 2,14-16: *„Deswegen, weil der HERR Zeuge gewesen ist zwischen dir und der Frau deiner Jugend, an der du treulos gehandelt hast, wo sie doch deine Gefährtin ist und die Frau deines Bundes. Und hat er sie nicht zu Einem gemacht? Zu einem Fleisch, in dem Geist ist. Und was erstrebt das Eine? Nachkommenschaft von Gott. So hütet euch bei eurem Leben! Und an der Frau deiner Jugend handle nicht treulos! Denn* **ich hasse Scheidung***, spricht der HERR, der Gott Israels, ebenso wie wenn man sein Gewand mit Unrecht bedeckt, spricht der HERR der Heerscharen."*

Und auch Jesus sagt in Matthäus 19,6: *„Was nun Gott zusammengefügt hat, soll der Mensch nicht scheiden."* Jesus führt die Ehe also auf ein Handeln Gottes zurück. Mir ist bewußt, daß es für uns Menschen mit unserer begrenzten Logik schwierig ist, dies nachzuvollziehen. Kann es denn sein, daß Gott die Ehe zwischen einem Ungläubigen und einer Gläubigen gewollt hat, die im Ungehorsam heiraten, nachdem sie vielleicht sogar Ehebruch begangen hatten?

Wir haben ja schon öfter über das Geheimnis der Vorherse-
hung Gottes im Zusammenhang mit dem sündigen Verhalten
von Menschen gesprochen. Wenn du im Ungehorsam eine Frau
geheiratet hast, war das in jedem Fall Sünde. Wieso Jesus
dennoch sagen kann: *„Was nun Gott zusammengefügt hat, soll
der Mensch nicht scheiden"*, kann ich nicht erklären, aber Jesus
bleibt dabei: „Die Ehe muß grundsätzlich so gesehen werden,
daß sie von Gott gefügt wurde, egal, auf welcher Grundlage sie
von Menschen geschlossen wurde – sie soll nicht geschieden
werden."

Aus diesem Satz darf man natürlich nicht den Rückschluß
ziehen, keine biblischen Weisungen mehr bei einer Eheanbah-
nung beachten zu müssen, weil es ja grundsätzlich Gott ist, der
zusammenführt. Wer auf der Grundlage von Sünde eine Ehe
schließt, hat zwar keine Erlaubnis, sie wieder zu scheiden, aber
sein Verhalten ist und bleibt Ungehorsam und Rebellion gegen
Gott, worüber man dringend Buße tun sollte. Noch einmal: Die
Ehe ist der höchste Bund zwischen Menschen, der nicht gebrochen werden soll.

Eheschließung in der Bibel

Wie kam in der Bibel die Eheschließung zustande? Es gab in
der Bibel mehrere Voraussetzungen für eine rechtskräftige Ehe.
Die erste davon war immer die **Verlobung** (2. Mose 22,15;
5. Mose 20,7; 5. Mose 28,30), die entgegen unseren heutigen
Gepflogenheiten sogar wichtiger war als die Hochzeit, weil sich
das Brautpaar bei ihr bereits zur Eheschließung und zur vor-
ehelichen Treue verpflichtete (5. Mose 22,23-27) und sie mit
der Zahlung eines Brautpreises (hebr.: mohar) verbunden war
(1. Mose 34,12; 2. Mose 22,15+16; 1. Samuel 18,25; vgl. 2.
Samuel 3,14). Die Verlobung war damals also bereits der
Bundesschluß und somit das Entscheidende.

Die Hochzeit war dann das Fest der **Heimholung der
Braut**. In 5. Mose 20,7 finden wir ein Beispiel dafür: *„Und wer*

ist der Mann, der sich mit einer Frau verlobt und sie noch nicht zu sich genommen hat? Er mache sich auf und kehre in sein Haus zurück, damit er nicht in der Schlacht sterbe und ein anderer Mann sie nehme." Ein Mann durfte also während seiner Verlobungszeit nicht in den Krieg ziehen, weil die Gefahr bestand, daß er umkam. Der Bräutigam sollte aber die Gelegenheit haben, sein Versprechen einzulösen und seine Braut zu sich zu holen.

Ein schönes, recht ausführliches Beispiel für das Schließen des Ehebundes steht im Buch Rut (besonders Rut 4,9-11). Einige wichtige Merkmale finden wir dort sehr klar: 1. Der Bund wurde öffentlich vor Zeugen – hier vor den „Ältesten" der Stadt – geschlossen. 2. Die Ehepartner schließen den Bund, die „Ältesten" bezeugen ihn lediglich, stiften ihn aber nicht. 3. Das Schließen des Bundes und die Heimholung konnten zeitlich recht nah beieinander liegen.

Die Verlobung hatte also einen äußerst hohen Stellenwert in den Augen Gottes. Nach dem Gesetz des Mose sollte nämlich nicht nur ein Ehebrecher sterben, sondern jeder, der die Verlobung im Sinne eines ehebrecherischen Verhaltens gebrochen hatte, wie wir in der bereits erwähnten Stelle in 5. Mose 22,23-27 sehen. Eine Verlobte wurde demnach ebenso gesteinigt[35] wie eine Ehebrecherin, wenn sie willentlich mit einem anderen Mann geschlafen hatte. Eine Ausnahme machte das Gesetz nur, wenn sie an einem abgelegenen Ort vergewaltigt worden war, an dem sie niemanden zur Hilfe rufen konnte.

Die Bibel macht also eindeutig klar, daß die Verlobung ein bindendes Gelöbnis darstellte, wie aus dem Wort „ver-loben" hervorgeht, das von „ge-loben" abgeleitet ist. Geloben bedeutet

---

[35] Normalerweise wurden als Strafe für Vergehen Ersatzleistungen erbracht (vgl. z.B. 3. Mose 24,18). Nur bei Mord ist ein entsprechendes Sühnegeld ausdrücklich ausgeschlossen und somit die Todesstrafe unbedingt gefordert (4. Mose 35,31).

eigentlich schwören bzw. einen Eid ablegen. Und wie schwerwiegend der Bruch eines Eides war, wissen wir bereits aus den Zehn Geboten. Ein verlobtes Paar war also gebunden und nicht mehr frei.

Das ist auch sehr wichtig zu wissen, wenn wir daran denken, daß Gott mit Seinen Kindern einen Bund mit den Worten schloß: *„Ich will dich mir verloben in Ewigkeit, und ich will dich mir verloben in Gerechtigkeit und in Recht und in Gnade und in Erbarmen, in Treue will ich dich mir verloben" (Hosea 2,21-22).*

Wenn man nicht weiß, wie verbindlich eine Verlobung damals war, sondern statt dessen davon ausgeht, was sie heute bedeutet, könnte man annehmen, Gott hätte in diesem Vers Seinen Kindern nur eine vage, relativ unverbindliche Zusage gegeben. Aber Er geht keine „Beziehung auf Probe" mit uns ein, die jeder Zeit aufgelöst werden kann, wenn man es sich anders überlegt. Die Verlobung gab statt dessen dem zukünftigen Ehemann alle Eherechte und übertrug ihm gleichermaßen alle ehelichen Verpflichtungen, auch wenn die Ehe im Rahmen der Hochzeit noch nicht vollzogen worden war und die Heimholung noch nicht stattgefunden hatte.

Ein weiterer wichtiger und sehr interessanter Aspekt war dieser: Bereits bei der Verlobung mußte der Bräutigam den **Brautpreis** zahlen – meistens an den Vater des Mädchens, der das Geld aber nicht für sich behielt, sondern es seiner Tochter als Mitgift, die wir heute ja auch noch kennen, in die Ehe mitgab (vgl. 1. Mose 24,53; 1. Mose 29,24+29; Josua 15,18ff; Richter 1,14ff). Dabei handelte es sich nicht um einen kleinen Betrag, sondern um eine erhebliche Summe, die zur sozialen Absicherung der jungen Frau diente, falls ihr Ehemann auf den Gedanken kommen sollte, sie aus der Ehe zu entlassen.

Manche Leute behaupten ja, das Alte Testament sei gesetzlich, brutal und zudem äußerst frauenfeindlich. Daß diese Aussagen von der Bibel her unhaltbar sind, sehen wir u.a. an den Anordnungen Gottes bei der Verlobung zur finanziellen Absicherung der Frau. Wir sollten uns also mit dem Alten Testament versöhnen, zumal das Neue Testament ja auf dem Alten Bund basiert.

Wenn die Anordnungen Gottes stets befolgt worden wären, wäre es nie zu einer solchen Ausbeutung von Frauen gekommen, wie sie über Jahrhunderte üblich war. Selbst heute noch wäre es für Frauen doch auch von Vorteil, wenn sie nicht erst vor Gericht um ihr Recht kämpfen müßten, sondern bereits bei der Eheschließung von ihrem Mann finanzielle Garantien erhalten würde für den Fall, daß er sich eines Tages trennen will.

Die Frau war also der Bibel nach kein rechtloses Wesen ohne jeden Anspruch, sondern Gott stellte sie unter einen sozialen und rechtlichen Schutz, der auch heute noch seinesgleichen sucht. Diese Achtung der Frau spiegelt sich u.a. in Sprüche, Kapitel 31 wider, in dem sie als eine tüchtige und kluge Geschäftsfrau beschrieben wird, die zudem ihrem Haushalt voller Tatkraft und Ideenreichtum vorstand und somit für ihre Familie ein großer Segen war.

Bei der Verlobung fand also bereits der eigentliche Bundesschluß zwischen Mann und Frau statt. Daher ist es verständlich, daß die Verlobte gleichzeitig als Frau des Mannes bezeichnet wird, obwohl sie noch nicht heimgeholt und verheiratet war. So lesen wir z.B. in Matthäus 1,18-20 über Maria und Josef: „*Als nämlich Maria, seine Mutter, dem Josef **verlobt war**, wurde sie, ehe sie zusammengekommen waren, schwanger erfunden von dem Heiligen Geist. Josef aber, **ihr Mann**, der gerecht war und sie nicht öffentlich bloßstellen wollte, gedachte sie heimlich zu entlassen. Während er dies aber bei sich überlegte, siehe, da erschien ihm ein Engel des Herrn im Traum und sprach: Josef, Sohn Davids, fürchte dich nicht, Maria, **deine Frau**, zu dir zu nehmen.*"

Wenn Gott also sagt, daß Er sich mit uns verlobt in Ewigkeit, drückt dies eine absolut feste und sichere Verbindlichkeit aus. So dürfen wir uns als wiedergeborene Christen darüber freuen, in Jesus einen Bräutigam zu haben, der Seine Braut – die Gemeinde – heimholen wird! Diese Zusage hat Er uns unwiderruflich gegeben, und Er wird den Eid halten und Sein Versprechen einlösen. Und im Himmel werden wir dann mit großer Freude die Hochzeit des Lammes feiern!

Deshalb dürfen wir mit Offenbarung 19,7-9 rufen: „*Laßt uns fröhlich sein und jubeln und ihm die Ehre geben; denn die Hochzeit des Lammes ist gekommen, und sein Weib hat sich bereit gemacht. Und ihr wurde gegeben, daß sie sich kleide in feine Leinwand, glänzend, rein; denn die feine Leinwand sind die gerechten Taten der Heiligen. ... Glückselig, die eingeladen sind zum Hochzeitsmahl des Lammes!*

Wie herrlich ist es doch, daß wir die Braut Jesu sein dürfen, für die Er alles gegeben hat! Er hat sogar den Brautpreis mit Seinem teuren Blut bezahlt. So wollen wir Ihm in unserer Verlobungszeit in Treue folgen, bis Er uns zu sich holt! Dazu gebe Gott Gnade.

7. Gebot: Du sollst nicht ehebrechen II[36]

„Du sollst nicht ehebrechen."   (2. Mose 20,14)

Was ist Ehebruch? Warum ist er verboten?

Die erste Frage, die sich aus diesem Gebot ergibt, lautet: Wann geschieht Ehebruch? Die Antwort ist: Im wesentlichen dann, wenn man geschlechtlichen Verkehr mit jemandem anderen als seinem Ehepartner hat. Jesus geht in der Bergpredigt so weit, daß Er sogar außereheliche Sexualität, die lediglich in der Phantasie stattfindet, als Ehebruch bezeichnet (Matthäus 5,28).

Die zweite Frage schließt sich sofort an: Warum ist Ehebruch verboten? Der Grund ist: Weil die Ehe ein unverbrüchlicher Bund vor Gott und Menschen ist und Er mit ihr engste Blutsverwandtschaft stiftet, soll sie heilig gehalten werden, und die Ehepartner sollen in Treue zueinander leben, wie auch Gott treu ist und Seinen Bund mit uns hält. *„Es sollen wohl Berge weichen und Hügel hinfallen, aber meine Gnade soll nicht von dir weichen, und der Bund meines Friedens soll nicht hinfallen, spricht der HERR, dein Erbarmer"* (Jesaja 54,10; LÜ '84). Gottes ewiger Bund mit Seinen Kindern ist das Vorbild für unseren Bund in der Ehe (vgl. Epheser 5,25; Sprüche 2,17).

Einen anderen Grund für das Verbot des Ehebruchs nennt uns Jesus, indem Er auf die Schöpfungsordnung verweist: *„So sind sie nun nicht mehr zwei, sondern ein Fleisch"*, also engste Verwandtschaft. *„Was nun Gott zusammengefügt hat, das soll der Mensch nicht scheiden"* (Matthäus 19,6; LÜ '84). Damit sind wir bei dem großen Thema Scheidung angelangt.

Wir wollen jetzt anhand der Bibel Scheidung, Wiederheirat und voreheliche Sexualität besprechen.

---

[36] Predigt vom 17. 01. 1999

Scheidung

Im Alten Testament heißt es unter anderem dazu: *„Wenn jemand eine Frau zur Ehe nimmt und sie nicht Gnade findet vor seinen Augen, weil er etwas Schändliches an ihr gefunden hat, und er einen Scheidebrief schreibt und ihr in die Hand gibt und sie aus seinem Hause entläßt und wenn sie dann aus seinem Hause gegangen ist und hingeht und wird eines andern Frau und dieser andere Mann ihrer auch überdrüssig wird und einen Scheidebrief schreibt und ihr in die Hand gibt und sie aus seinem Hause entläßt oder wenn dieser andere Mann stirbt, der sie sich zur Frau genommen hatte, so kann sie ihr erster Mann, der sie entließ, nicht wieder zur Frau nehmen, nachdem sie unrein geworden ist – denn solches ist ein Greuel vor dem* HERRN *–, damit du nicht Sünde über das Land bringst, das dir der* HERR, *dein Gott, zum Erbe gegeben hat“* (5. Mose 24,1-4; LÜ '84). Die Frau in diesem Beispiel darf also nicht wieder zu ihrem ersten Mann zurückkehren, nachdem sie einen anderen geheiratet hatte. Das bestätigt auch Jeremia in Kapitel 3, Vers 1 (LÜ '84): *„Wenn sich ein Mann von seiner Frau scheidet und sie geht von ihm und gehört einem andern, darf er sie auch wieder annehmen? Ist's nicht so, daß das Land unrein würde?“*

Warum schließt Gott aus, daß die Frau zu ihrem ersten Mann zurückkehren darf? Wohl deshalb, weil das **Inzest** wäre. Sie ist immer noch blutsverwandt mit ihrem Ex-Mann, aber doch nicht mehr seine Frau. Es wäre ebenso, als würde sie ihren Bruder heiraten.

Warum durfte sich nun aber der Mann von seiner Frau trennen und ihr einen Scheidebrief geben? Wir haben gelesen, *„weil er etwas Schändliches“* – oder *„Anstößiges“*, wie die Elberfelder Bibel übersetzt – *„an ihr gefunden hat.“* Gewisse Gesetzeslehrer verstanden nun unter „Anstößiges“ auch die kleinsten Dinge, und so entartete die Scheidebrief-Regel des Mose zu einer regelrechten Scheidungswillkür. Ein Mann konnte irgendeinen Vorwand finden, um seine Frau zu entlassen – und wenn es eine angebrannte Suppe war. Andere Gründe waren z.B. Kinderlosigkeit oder Krankheit.

Jesus stellte deshalb wie bei anderen Geboten auch die Gesetzesverdrehungen der Pharisäer richtig – besonders in Matthäus 19,1-11. Er erklärte, daß schon die Schöpfung beweist, daß Gott am Anfang keine Scheidung vorsah (Verse 4-6). Auf den Einwand der Pharisäer, daß Mose aber einen Scheidebrief geboten habe, antwortete Jesus, Mose hätte das nur gestattet wegen der „Herzenshärtigkeit" der Menschen. Das heißt, weil es leider eben doch vorkommt, daß sich Eheleute so sehr streiten, bis sie auseinanderlaufen, hatte Mose nicht eine Erlaubnis, sondern eine Regel gegeben in Form des Scheidebriefes, der die Trennung ordentlich dokumentierte.

Der im Zorn erhitzte Mann konnte seine Frau nun nicht mehr im Affekt wegjagen, sondern mußte erst abkühlen und einen Scheidebrief aufsetzen. Und weil er selbst häufig nicht schreiben konnte, mußte er diesen noch von dritter Seite bestellen. Damit wollte Mose wilde und willkürliche Scheidungen verhüten. Der Scheidebrief war demzufolge nicht als Einladung, sondern zur Erschwernis der Scheidung gedacht. Insofern mußte Jesus die Pharisäer, die den Scheidebrief nur zu gern als Scheidungseinladung verstehen wollten, ernsthaft korrigieren (Verse 7-8).

Danach gibt Jesus im folgenden Vers eine Grundsatzerklärung ab, wie es von Gott und vom Gesetz her richtig zu verstehen ist: *„Ich sage euch aber, daß, wer immer seine Frau entläßt, außer wegen Hurerei, und eine andere heiratet, Ehebruch begeht; und wer eine Entlassene heiratet, begeht Ehebruch"* (Matthäus 19,9).

Wiederheirat

Was ist nun genau darunter zu verstehen, wenn es heißt: *„Wer eine Entlassene heiratet, begeht Ehebruch"?* Viele meinen, daß die unschuldige Frau dann nicht mehr geheiratet werden darf. Meiner Auffassung nach will Jesus damit aber folgendes sagen: Wenn sich zwei Menschen wegen allgemeiner Zwistigkeiten scheiden lassen, aber keinen anderen heiraten bzw. Unzucht mit jemandem treiben, dürfen beide Seiten nicht wieder heiraten.

Ich möchte hinzufügen, daß Jesus auch die Einseitigkeit, die die Pharisäer zugunsten des Mannes in die Sache hineingelegt hatten, aufhob. Das geht klar aus dem Markusevangelium hervor: *„Wer seine Frau entläßt und eine andere heiratet, begeht Ehebruch gegen sie. Und wenn sie ihren Mann entläßt und einen anderen heiratet, begeht sie Ehebruch" (Markus 10,11-12).* Grundsätzlich gilt also für den Mann das gleiche, was auch für die Frau gilt.

Daß zwei Ehepartner nicht wieder heiraten dürfen, wenn keiner von beiden Ehebruch beging, bestätigt Paulus: *„Den Verheirateten aber gebiete nicht ich, sondern der Herr, daß eine Frau sich nicht vom Mann scheiden lassen soll – wenn sie aber doch geschieden ist, **so bleibe sie unverheiratet** oder versöhne sich mit dem Mann – und daß ein Mann seine Frau nicht entlasse" (1. Korinther 7,10-11).*

Wenn nicht Ehebruch und Unzucht vorliegt, hat man der Bibel nach also nur die Wahl, sich entweder mit dem Partner zu versöhnen oder unverheiratet zu bleiben. Warum sind sowohl Jesus als auch Paulus in dieser Angelegenheit so strikt? Die Antwort ist einfach: Die Ehe besteht vor Gott weiter, wenn nicht Ehebruch und Hurerei im Spiel sind. Vor Menschen und Behörden war ein Scheidebrief nötig, aber vor Gott gilt die Ehe erst dann als gebrochen, wenn einer der Ehepartner ein sexuelles Verhältnis zu einem Dritten hat.

In einem solchen Fall ist der unschuldige Teil frei, sich wieder zu verheiraten. Warum? Auf Ehebruch stand die Todesstrafe. Sie wurde nur ausgeführt, wenn der betrogene Teil sie gerichtlich erwirkte. Ansonsten konnte mit einem Sühnegeld die Schuld bezahlt werden (2. Mose 21,30). Vor Gott aber gilt ein Ehebrecher als hingerichtet und somit als tot.

Damit steht beispielsweise eine Frau, deren Mann Unzucht getrieben hatte, wie eine Witwe vor Gott, und sie fällt unter das, was Paulus in Römer 7 erklärt: *„Denn die verheiratete Frau ist durchs Gesetz an den Mann gebunden, solange er lebt; wenn aber der Mann gestorben ist, so ist sie losgemacht von dem Gesetz des Mannes. So wird sie nun, während der Mann lebt, eine Ehebrecherin genannt, wenn sie eines anderen Mannes wird; wenn aber der Mann gestorben ist, ist sie frei vom Gesetz, so daß sie keine Ehebrecherin ist, wenn sie eines anderen Mannes wird" (Römer 7,2-3).* Das „Anstößige" oder „Schandbare" nach 5. Mose 24,1 ist also Unzucht und sexueller Verkehr mit einem Dritten.

„Aber was ist, wenn mein Mann mich halb tot schlägt?" Hier bin ich mit vielen Auslegern der Meinung, daß man alle Kapitalverbrechen, die nach Gottes Gesetz ebenso wie der Ehebruch Todesstrafe zur Folge haben, gleich behandeln kann. Ein Mörder gilt vor Gott als gestorben. Deshalb glaube ich, daß sich eine Frau von einem solchen Mann scheiden lassen darf und sich auch wiederverheiraten kann. Das gilt z.B. für die Sünde des Okkultismus, der Zauberei, der Vergewaltigung (evtl. der eigenen Tochter), der Homosexualität. Auch wenn sich ein Mann ständig an seiner Frau kriminell vergeht, muß sie nicht durchhalten, bis sie umgebracht wird, sondern kann ihn anzeigen. Allerdings möchte ich bei solch schwierigen Fragen dringend darum bitten, daß man sich erst in der Seelsorge ausspricht und individuellen Rat holt. Es muß nämlich auch in solchen Fällen nicht unbedingt zur Trennung kommen, sondern es ist vielleicht nach einigen Beratungsgesprächen möglich, die Ehe fortzusetzen, wenn Buße und Erneuerung des Ehebundes geschieht.

Über die **Scheidung von Ungläubigen** gibt Paulus in 1. Korinther 7,10-16 die Anweisung, daß ein gläubiger Ehepartner bei seinem ungläubigen Partner bleiben soll, da die Sorge bezüglich einer Verunreinigung nicht begründet ist. Diese Aussage war sehr wichtig für die damaligen Gläubigen, da sie in der Angst lebten, sich durch einen ungläubigen Partner zu verunreinigen.

Paulus erklärt, daß der Gläubige durch den Ungläubigen nicht verunreinigt wird, sondern der Ungläubige wird durch den gläubigen Teil „geheiligt". Das bedeutet natürlich nicht, daß der Ungläubige gerettet ist, aber doch, daß er aufgrund der Bundesbeziehung seines Partners zu Gott in einer Stellung steht, die dazu angetan ist, daß auch er gerettet werden kann. Diesen indirekten Bund mit Gott kündigt der ungläubige Teil sofort auf, wenn er sich von seinem Partner scheiden läßt.

Geschlechtsverkehr vor der Ehe

Wenn zwei Menschen miteinander schliefen, ohne daß sie eine Ehe brachen, ein Jüngling und eine Jungfrau beispielsweise, stand darauf nicht die Todesstrafe, aber sie mußten heiraten (2. Mose 22,15; 5. Mose 22,28-29). Wenn aber mehrere Partner „ausprobiert" wurden, geschah Ehebruch und Hurerei, was die Todesstrafe zur Folge hatte.

Paulus weist an: *„Aber um der Unzucht willen habe jeder seine eigene Frau, und jede habe ihren eigenen Mann"* *(1. Korinther 7,2).* Und: *„Ich sage aber den* **Unverheirateten** *und den Witwen: es ist gut für sie, wenn sie bleiben wie ich. Wenn sie sich aber nicht enthalten können, sollen sie heiraten, denn es ist besser, zu heiraten als vor Verlangen zu brennen"* *(1. Korinther 7,8-9).* Hier heißt es also eindeutig: Wenn sie sich nicht enthalten können, sollen sie nicht miteinander schlafen, sondern heiraten.

Das Verhalten des Josef ist dafür ein vorbildliches Beispiel. Er war mit Maria verlobt und hatte sich somit verpflichtet, sie zu heiraten. Zu diesem Zeitpunkt hatte er noch nicht mit ihr geschlafen, denn sonst hätte er nicht so sicher sein können, daß Marias Schwangerschaft nicht von ihm kam.

Wir lesen zu diesem Thema: *„Denn dies ist Gottes Wille: eure Heiligung, daß ihr euch von der Unzucht fernhaltet, daß jeder von euch sich sein eigenes Gefäß in Heiligkeit und Ehrbarkeit zu gewinnen wisse, nicht in Leidenschaft der Begierde wie die Nationen, die Gott nicht kennen"* (1. Thessalonicher 4,3-5). In diesen Versen geht es Paulus also um die Würde der Frau. Wenn du deine Freundin oder Verlobte wirklich wertschätzt und ihr die Würde lassen möchtest, die sie vor Gott hat, gewinne sie in Ehrbarkeit und Heiligkeit und nicht in Leidenschaft der Begierde.

Wir wissen auch von Paulus, daß eine Frucht des Geistes Keuschheit (wörtlich: „Selbstbeherrschung") ist (Galater 5,22). Christen, in denen der Heilige Geist wohnt, können demnach durch die Gnade Gottes auch ohne Frau oder Mann leben, weil sie nicht länger von ihren Trieben beherrscht werden. Das mag für Menschen in der Welt unvorstellbar sein, aber Gläubige leben in der Heiligung und empfangen von Gott Kraft, ein Leben im Verzicht zu führen, wenn es nötig ist. Das gilt nicht nur für Ledige, sondern kann auch Verheiratete betreffen, wenn z.B. einer der Partner schwer erkrankt, evtl. über Jahre.

Gott sei Dank müssen wir als Christen nicht unseren Sexualtrieb zur Maxime unseres ethischen und sexuellen Verhaltens machen, weder außerhalb noch innerhalb der Ehe. Wir leben statt dessen durch die Kraft des Heiligen Geistes, der uns umwandelt und uns Herr sein läßt über unsere Neigungen, Lüste und Begierden. Wenn unser Herz wirklich auf Gott ausgerichtet ist, gibt Er uns in der Zeit von Freundschaft und Verlobung die Kraft zur Reinheit. Und Er gibt uns auch innerhalb der Ehe in guten wie in schlechten Zeiten die Kraft zur Treue, bis daß der Tod uns scheidet. Halleluja!

Ähnlich ermahnt Petrus die verheirateten Männer: *„Desgleichen, ihr Männer, wohnt vernünftig mit ihnen zusammen* *und gebt dem weiblichen Geschlecht als dem schwächeren seine Ehre. Denn auch die Frauen sind Miterben der Gnade des Lebens, und euer gemeinsames Gebet soll nicht behindert werden"* (1. Petrus 3,7; LÜ '84). Wenn wir nicht innerhalb und außerhalb der Ehe in sexueller Reinheit leben, wird unser Gebet behindert. Wenn du also möchtest, daß Gott dein Gebet erhört, achte deine Frau und ehre sie, auch auf sexuellem Gebiet.

Laßt uns treu sein, unserem Partner und auch Gott gegenüber. Denn Er haßt die Untreue und ehebrecherisches Verhalten: *„Ihr sagt: Weswegen? Deswegen weil der HERR Zeuge gewesen ist zwischen dir und der Frau deiner Jugend, an der du treulos gehandelt hast, wo sie doch deine Gefährtin ist und die Frau deines Bundes. Und hat er sie nicht zu Einem gemacht? Zu einem Fleisch, in dem Geist ist. Und was erstrebt das Eine? Nachkommenschaft von Gott. So hütet euch bei eurem Leben! Und an der Frau deiner Jugend handle nicht treulos! Denn ich* **hasse** *Scheidung, spricht der HERR, der Gott Israels, ebenso wie wenn man sein Gewand mit Unrecht bedeckt, spricht der HERR der Heerscharen. So hütet euch bei eurem Leben und handelt nicht treulos"* (Maleachi 2,14-16).

Dazu möge Gott Jungen wie Alten, Frauen wie Männern, die Gotteskinder sind, helfen, daß wir Seine Wege gehen und Seine Gebote von Herzen halten. Und wenn du erkennst, daß du auf diesem Gebiet sehr gesündigt hast, darfst du jetzt aus aufrichtigem Herzen Buße tun. Dann wird dir der Herr vergeben und dich durch Seinen Geist stärken, so daß du nach Seinem Willen und Wohlgefallen leben kannst.

8. Gebot: Du sollst nicht stehlen[37]

„Du sollst nicht stehlen."   (*2. Mose 20,15*)

Hier haben wir das achte Gebot, das Diebstahl grundsätzlich verbietet. Da es nicht heißt: „Du sollst Menschen nicht bestehlen", sondern allgemein: *„Du sollst nicht stehlen"*, schließt das Gebot den Diebstahl Gott gegenüber ein.

Die Wurzel des Diebstahls: Unzufriedenheit

Die Wurzel des Diebstahls ist Unzufriedenheit mit dem Anteil, den Gott uns zugemessen hat. Wie wir wissen, haben wir bereits in der natürlichen Veranlagung unterschiedliche Begabungen. Während der eine musikalisch ist, hat der andere eher handwerkliches Talent. Dennoch dürfen wir zufrieden sein, wie Gott uns gemacht hat, denn Er hat uns alle gut gemacht!

Das gleiche gilt für die Güter dieser Welt. Was ein Mensch besitzt, hat er nicht durch irgendein Zufallsgeschick, sondern durch die Zuteilung Gottes, der Herr über alle Dinge ist. Manche Leute meinen, sie hätten sich ihren Reichtum doch selbst „erarbeitet", vergessen dabei aber, daß das nur möglich war durch die Kraft, die Gott ihnen gab.

Gott teilt also nicht nur geistliche Gaben zu, wie Er will, sondern auch Güter und Besitz. Wer das achte Gebot halten will, muß diese Grundordnung Gottes akzeptieren. Für dich persönlich heißt das: Anerkennst du Gottes Herrschaft in der Verteilung der Güter dieser Welt und bist zufrieden mit dem Teil, das dir Gott gegeben hat? Wenn ja, wirst du auch nicht stehlen, sondern Gott vertrauen, daß Er dich mit allem Nötigen versorgen wird, was du zum Leben brauchst.

---

[37] Predigt vom 14. 02. 1999

Diebstahl Menschen gegenüber

Was ist nun mit „stehlen" genau gemeint? Natürlich als erstes der tatsächliche Raub von Gütern, aber nicht nur der gewaltsame, sondern auch der erschlichene Raub, den man durch Schmeichelei, durch List oder heimliche Unterschlagung an sich bringt. Es müssen aber nicht nur materielle Dinge sein, die man stiehlt, sondern das achte Gebot wird ebenso übertreten, wenn man sich z.b. Ideen, Erfindungen oder geistige Werke anderer unberechtigt zu eigen macht.

Außerdem kennt die Bibel noch eine andere Art sehr subtilen Diebstahls, und zwar den Diebstahl von Herzen. Über Absalom lesen wir, daß er allen Israeliten, die bei seinem Vater David Recht suchen wollten, sagte, daß sie beim König niemand finden würden, der sie hörte. Und dann erzählte er ihnen, daß alles besser werden würde, wenn man ihn selbst als Richter in Israel einsetzte. Die Bibel beschreibt dieses Vorgehen Absaloms so: *„Und Absalom handelte auf diese Weise an allen Israeliten, die zum König kamen, um eine Rechtsentscheidung zu suchen. So stahl Absalom das Herz der Männer von Israel"* *(2. Samuel 15,6).* Wenn man Loyalität verweigert und sich auf Kosten eines Leiters Sympathien und Anhänger erschleicht, ist man also auch ein Dieb.

Das gilt z.B. für geschiedene Elternteile, die zu ihrem Kind schlecht über den ehemaligen Partner reden und es dabei mit Geschenken überhäufen. Auf diese Weise versucht man, die Beziehung des Kindes zum anderen Elternteil zu zerstören und sein Herz zu stehlen. Wo das Stehlen von Herzen hinführt, sieht man an Absalom. Er kam auf tragische Weise ums Leben. Gott läßt sich Diebstahl also nicht gefallen.

Diebstahl Gott gegenüber

Die Sünde des Diebstahls kommt in ihrer schlimmsten Form vor, wenn sie gegen Gott gerichtet ist. Wir übertreten das achte Gebot, wenn wir beispielsweise Gott die Ehre rauben, die allein

Ihm gehört. Das geschieht z.B. durch eine Theologie, die behauptet, daß der letztendliche Faktor zur Errettung der Wille des Menschen sei und er durch seine sogenannte freie Willensentscheidung sich das Heil, das angeboten ist, sichere. Wer sein Heil auf das gute Zusammenwirken von Gott und Mensch zurückführt, teilt die Verdienste der Erlösung zwischen Gott und sich selber auf. Und das ist Diebstahl. Gott allein ist es, der alles gewirkt hat, und auch das Wollen kommt von Ihm. Die Errettung ist also von A bis Z ganz allein des Herrn. Paulus fragt: *„Wo bleibt nun der Ruhm? Er ist ausgeschlossen"* (Römer 3,27).

Beispiel: der Zehnte

Eine andere Art, wie wir Gott berauben können, beschreibt uns der Prophet Maleachi: *„Darf ein Mensch Gott berauben? Ja, ihr beraubt mich! – Ihr aber sagt: ‚Worin haben wir dich beraubt?' Im Zehnten und im Hebopfer. Mit dem Fluch seid ihr verflucht, mich aber beraubt ihr weiterhin! ... Bringt den ganzen Zehnten in das Vorratshaus, damit Nahrung in meinem Haus ist! Und prüft mich doch darin, spricht der HERR der Heerscharen, ob ich euch nicht die Fenster des Himmels öffnen und euch Segen ausgießen werde bis zum Übermaß"* (Maleachi 3,8-10).

Wenn das Volk Gottes also den Zehnten nicht bezahlt, begeht es Diebstahl an Gott. Der Zehnte war eine feststehende Steuer Gottes und keine freiwillige Spende, und diese Steuer sollte freudig und von Herzen entrichtet werden. Daß der Zehnte auch noch in der Zeit des Neuen Testamentes seine Berechtigung hat, begründet die Bibel so:

1.) Jesus selbst sagt es uns: *„Gebt denn dem Kaiser, was des Kaisers ist, und Gott, was Gottes ist"* (Matthäus 22,21). Jesus setzt der staatlichen Steuer eine Steuer für Gott gegenüber. Und genauso wenig, wie die Steuer für den Kaiser eine beliebige Spende ist, ist die Abgabe für Gott einfach nur ein

Almosen. Nein, wir sollen Gott geben, was Gottes ist, was Ihm gehört – sonst könnte ja nicht von Diebstahl die Rede sein. Daß es sich dabei nicht um einen Betrag eigenen Ermessens handelt, sondern um den von Gott festgelegten Zehnten, geht aus der Aussage Jesu in Matthäus 23,23 hervor: *„Wehe euch, Schriftgelehrte und Pharisäer, Heuchler! Denn ihr verzehntet die Minze und den Anis und den Kümmel und habt die wichtigeren Dinge des Gesetzes beiseite gelassen: das Recht und die Barmherzigkeit und den Glauben; diese hättet ihr tun und jene nicht lassen sollen."* Jesus sagt nicht: „Tut die wichtigen Dinge des Gesetzes und hört mit der peniblen Verzehntung von Minze und Kümmel auf", sondern: „Tut das eine, und das andere laßt nicht!" Er hält also hundertprozentig am Zehnten fest.

Oft sind Menschen entrüstet, daß Gott den Zehnten des Einkommens fordert. Vergleicht man aber die unglaublich hohen Steuersätze und Abgaben des Staates mit dem Zehnten des Herrn, ist Gott sehr, sehr bescheiden. Vielen Menschen erscheinen die Zehn Gebote als ein zu starker Eingriff Gottes in ihr Leben, aber sie denken nicht darüber nach, wo der sogenannte freiheitliche Staat das Recht hernimmt, seine Bürger so hoch zu besteuern. Ein Normalverdiener in Deutschland bekommt nach Abzug aller gesetzlichen Abgaben kaum die Hälfte seines Verdienstes mit nach Hause. Ein christlicher Bruder schrieb dazu: „Wenn wir heute in einer Theokratie[38] mit einer göttlichen Verfassung leben würden, würde der Zehnte alles abdecken", wie es im uralten Israel auch gewesen ist. „Die staatliche Extrasteuer unserer Tage ist die Strafe dafür, daß wir Gottes Regeln nicht für unser Volk anerkennen."[39] Denn Gott warnte Israel einmal vor einem König, der sich anmaßen würde, genauso viel Steuern zu erheben wie Gott, indem Er sagte:

---

[38] „Theokratie" = „Gottesherrschaft"; von griech. „theos" = „Gott" und „krateo" = „herrschen"
[39] Curtis Clair Ewing. The Law of Tithing in Scripture. Sierre Madre (CA), 1969. S. 9. zitiert nach: Thomas Schirrmacher. Ethik. Bd. 2. a.a.O. S. 433

*„Und von euren Kornfeldern und euren Weinbergen wird er
den Zehnten nehmen und ihn seinen Kämmerern und Beamten
geben. Von euren Schafen wird er den Zehnten nehmen, und
ihr, ihr müßt seine Knechte sein. Wenn ihr an jenem Tage
wegen eures Königs um Hilfe schreien werdet, den ihr euch
erwählt habt, dann wird euch der HERR an jenem Tag nicht
antworten"* (1. Samuel 8,15+17-18). Wir sehen, daß Gott schon
zehn Prozent staatliche Steuer als Unterdrückung angesehen hat
und sie deshalb für Sein Volk Israel gar nicht vorgesehen hatte.
Aber den Zehnten sollten sie zur Ehre Gottes geben. Der hätte
genügt und ein gesegnetes Gemeinwohl garantiert. Wir sehen
also, daß Jesus den Zehnten im Neuen Testament bestätigt.

2.) Ein zweiter Grund für die Beibehaltung der Zehntenord-
nung ist **die Zehntenabgabe an Melchisedek.** Nach dem
Gesetz Mose war der Zehnte an das levitische Priestertum zu
entrichten. Aber der Zehnte wurde schon von Abraham an
einen anderen Priester gegeben, und zwar an Melchisedek, der
eine ewige Priesterschaft darstellte und nach dessen Ordnung
die Priesterschaft Christi ist.

Nachdem Abraham Lot befreit hatte, lesen wir: *„Und Melchisedek, König von Salem, brachte Brot und Wein heraus; und
er war Priester Gottes, des Höchsten. Und er segnete ihn und
sprach: Gesegnet sei Abram von Gott, dem Höchsten, der
Himmel und Erde geschaffen hat! Und gesegnet sei Gott, der
Höchste, der deine Bedränger in deine Hand ausgeliefert hat! –
Und Abram gab ihm den Zehnten von allem"* (1. Mose 14,18-
20).

Wenn hier der Bericht der Bibel zu Ende wäre, würden Fragen bezüglich des Zehnten offen bleiben. Im Hebräer-Brief
wird dieses Thema aber nochmals aufgegriffen: *„Denn dieser
Melchisedek, König von Salem, Priester Gottes, des Höchsten –
der Abraham entgegenging und ihn segnete, als er von der
Niederwerfung der Könige zurückkehrte, dem auch Abraham
den Zehnten von allem zuteilte – heißt übersetzt zunächst König*

der Gerechtigkeit, dann aber auch König von Salem, das ist König des Friedens. Ohne Vater, ohne Mutter, ohne Geschlechtsregister, hat er weder Anfang der Tage noch Ende des Lebens, er gleicht dem Sohn Gottes und bleibt Priester für immer. Schaut aber, wie groß dieser ist, dem Abraham, der Patriarch, den Zehnten von der Beute gab! Und hier zwar empfangen sterbliche Menschen die Zehnten, dort aber einer, von dem bezeugt wird, daß er lebt" (Hebräer 7,1-4+8).

Aus diesen Versen geht eindeutig hervor, daß Abraham, der Vater aller Glaubenden, dem höchsten Priester Christus in Melchisedek den Zehnten gab. Genauso wie Melchisedek bietet uns Christus auch heute noch im Abendmahl Brot und Wein an. Der Zehnte bestand also schon lange vor dem Gesetz des Mose und erstreckte sich auch auf das ewige Priestertum Melchisedeks. Und wenn der Vater der Glaubenden, zu denen wir ja gehören, so handelte, und der Hebräer-Brief das mit Nachdruck bestätigt, handelt es sich doch offensichtlich um ein göttliches Prinzip, das nicht nur mit dem mosaischen Gesetz begründet werden kann, sondern das aus dem Herzen Gottes kommt für Sein Volk – sowohl das des Alten wie auch des Neuen Testamentes.

3.) Ein weiterer Gesichtspunkt ist **die Versorgung der Verkündiger.** Wir lesen: „Wißt ihr nicht, daß die, welche die heiligen Dienste tun, aus dem Tempel essen, daß die, welche am Altar tätig sind, Anteil am Altar haben? So hat auch der Herr denen, die das Evangelium verkündigen, verordnet, vom Evangelium zu leben" (1. Korinther 9,13-14). Woher leitet Paulus also das Recht der Verkündiger ab, vom Evangelium zu leben? Von demselben Recht, mit dem die Priester und Leviten im Alten Testament auch vom Zehnten lebten, der ihnen zur Verwaltung gegeben wurde. Ebenso soll es nach Paulus in der Gemeinde Jesu sein.

4.) Wir haben **keinerlei Bericht im Neuen Testament, daß die Ordnung des Zehnten abgeschafft worden wäre.** Vielmehr wissen wir aus der frühen Kirchengeschichte, daß die Abgabe des Zehnten in den Gemeinden selbstverständlich war. Natürlich bleibt die praktische Frage, wohin der Zehnte gezahlt werden soll.

Im Alten Testament verwalteten die Priester und Leviten die Zehnten-Abgaben. Im Neuen Testament tut es die Gemeinde, vertreten durch die Pastoren, Ältesten und Diakone. Wir lesen dazu: *„Was aber die Sammlung für die Heiligen betrifft, macht auch ihr es so, wie ich es für die Gemeinden von Galatien angeordnet habe! An jedem ersten Wochentag lege ein jeder von euch bei sich zurück und sammle an, je nachdem er Gedeihen hat, damit nicht erst dann, wenn ich komme, Sammlungen geschehen"* (*1. Korinther 16,1-2*). Offensichtlich wurden die Gaben im Gottesdienst eingesammelt, denn der erste Tag der Woche war nach der Apostelgeschichte der Tag der Gemeinde-Zusammenkunft (Apostelgeschichte 20,7). Und die Höhe des Betrages sollte je nach Gedeihen festgesetzt werden, also anteilig am Einkommen bemessen sein.

Das Geld, das Gott gehört, gehört also in die Gemeinde und kann nicht nach eigenem Ermessen irgendwo hingegeben werden, wo es uns dringender erscheint, vielleicht weil wir der Meinung sind, die Gemeinde würde das Geld nicht ordentlich verwalten bzw. nicht so, wie die Nöte es erfordern. Stellt euch vor, wir würden die Steuern nicht mehr ans Finanzamt zahlen, sondern nach eigenem Gutdünken irgendwohin, wo wir glauben, daß sie am Nötigsten gebraucht werden. Das wäre Steuerhinterziehung. Genauso wenig können wir den Zehnten selbst verwalten. Darum gebt Gott, was Ihm gehört.

In der Urgemeinde gab es keine anderen Instanzen als die Gemeinde selbst. Gemeindeunabhängige Missionswerke kennt die Bibel nicht. Deswegen haben auch wir als ARCHE unser Missionswerk immer unter der Kontrolle der Gemeinde gelassen, so daß alle Gaben unter der Aufsicht der verantwortlichen Brüder verwendet werden. Die Gemeinde sendet Missionare aus und sorgt für die Finanzen, und die Missionare kehren nach getaner Arbeit wieder in die Gemeinde zurück und legen Rechenschaft ab vor den Ältesten und Pastoren.

Natürlich hat die Gemeinde dabei die Verpflichtung, die eingenommenen Gelder eben auch für Mission und für soziale Nöte einzusetzen und nicht nur für ihre eigenen Bedürfnisse. Wenn alle Gläubigen wirklich Gott geben, was Ihm gehört, und Ihn nicht berauben, hätte die Gemeinde Jesu keinen Mangel, weder in eigener Sache noch für die Mission oder für die Armen!

Die Bibel erklärt uns, daß sogar unser gesamtes Einkommen über den Zehnten hinaus nicht als unser Eigentum anzusehen ist, sondern als anvertrautes Gut. Wir sind hier auf Erden nur Verwalter und Haushalter Gottes. Weil letztendlich alles, was wir haben, Gott gehört, ist der Zehnte wohl das Minimum. Wohlhabende Christen haben oft progressiv gegeben. Nicht selten gaben sie neunzig Prozent ihres Gewinnes dem Reiche Gottes, weil sie an den übrigen zehn Prozent mehr als genug zum Leben hatten. **Ein Wiedergeborener lebt durch den Heiligen Geist und nicht durch den Buchstaben des Gesetzes. Darum ist er ein fröhlicher Geber.**

Es soll niemand gezwungen werden, sondern die Gaben sollen freiwillig sein. Und wer Jesus und Seine Gebote liebt, der will Gott nicht bestehlen, sondern Ihm geben, was Ihm gehört. Er erachtet es als Vorrecht, Gott aus Dankbarkeit zu geben, denn alles verdanken wir doch nur Ihm. Und darüber hinaus liegt ja auch noch eine wunderbare Verheißung auf der Abgabe für das Reich Gottes: *„Und prüft mich doch darin, spricht der HERR der Heerscharen, ob ich euch nicht die Fenster des Himmels öffnen und euch Segen ausgießen werde bis zum Übermaß" (Maleachi 3,10).* Keiner wird Schaden nehmen, wenn er Gottes Gesetz bewahrt, sondern er wird Segen im Überfluß erfahren.

9. Gebot: Nicht falsches Zeugnis geben[40]

„Du sollst nicht falsch Zeugnis reden wider deinen Nächsten. "
(2. Mose 20,16)

In der Reihe der Zehn Gebote wollen wir uns jetzt mit dem neunten Gebot beschäftigen. Worum geht es in diesem Gebot?

Falsche Aussagen vor Gericht

Zuallererst bezieht es sich natürlich auf falsche Aussagen vor Gericht, im besonderen im Hinblick auf den Meineid. Gott haßt es, wenn Menschen andere vor Gericht mit falschen Anschuldigungen belasten, um ihnen zu schaden und sich selbst Vorteile daraus zu verschaffen. Die Frage des Meineids und des falschen Schwörens haben wir schon im Zusammenhang mit dem dritten Gebot behandelt, das lautet: *„Du sollst den Namen des HERRN, deines Gottes, nicht mißbrauchen"* (2. Mose 20,7; LÜ '84). Im neunten Gebot geht es aber nicht nur um das falsche Zeugnis vor Gericht, sondern, wie bei den anderen der Zehn Gebote ja auch, um einen ganz allgemeinen und viel weiter gefaßten Grundsatz.

Rufmord

Es geht um Rufmord, also um den guten Ruf meines Nächsten. Im achten Gebot sollte das Eigentum des Nächsten geschützt werden („Du sollst nicht stehlen."), im sechsten ging es um den Schutz von Leib und Leben („Du sollst nicht töten."), und durch das neunte Gebot will Gott die Ehre meines Nächsten schützen. Wir sollen uns bewußt um das gute Ansehen unseres Mitmenschen bemühen und ihn nicht verleumden, indem wir Falsches hinter seinem Rücken verbreiten. Gott selbst setzt sich mit diesem Gebot also ausdrücklich für den guten Namen unseres Nächsten ein, und Er will nicht, daß wir eines Menschen Ehre rauben oder sie schänden.

---

[40] Predigt vom 21. 02. 1999

Das sollte eigentlich selbstverständlich sein. Aber wir wissen, daß selbst in der Gemeinde Jesu auf diesem Gebiet sehr viel gesündigt wird. Oft geschieht das aus Unüberlegtheit, ab und zu aber auch mit voller Absicht. Wie schnell ist man geneigt, über jemanden Schlechtes zu hören und dann auch selbst schlecht zu reden, denn man hat mit ihm ja selbst schon mal nicht so gute Erfahrungen gemacht, und im übrigen ist er einem sowieso nicht so sympathisch. „Stell dir mal vor!" und: „Hast du schon gehört?" – und im Nu nehmen die Sünden der Zunge ihren schrecklichen Lauf.

Ich hatte z.B. vor vielen Jahren einmal in unserer Gemeinde dazu aufgerufen, für ein bestimmtes missionarisches Projekt zu spenden. Kurz darauf wurde ich zu einer Konferenz nach Kanada eingeladen und beschloß, auf eigene Kosten mit meiner ganzen Familie dorthin zu reisen. Und nun gab es jemanden, der sich nicht vorstellen konnte, wie ein junger Pastor mit magerem Gehalt es sich leisten konnte, die Flugreise für fünf Personen zu bezahlen.

Als wir nach Hamburg zurückkehrten, wurden wir bereits auf dem Flughafen von einem besorgten Bruder empfangen: „Bruder Wegert, ist es wirklich wahr?" Ich war ganz ahnungslos: „Ja, was denn?" – „Man erzählt sich in der Gemeinde, daß Du nicht für die Mission hast sammeln lassen, sondern um Deine Reise zu finanzieren!" Mit Abstand zu einer solchen Erfahrung kann man darüber lächeln; dennoch war diese üble Nachrede eine große Sünde.

Mein letztes Erlebnis auf diesem Gebiet ist lustiger, zeigt aber auch, wie durch Gerede aus einer Mücke ein Elefant gemacht wird. Ich mußte mich einem kleinen operativen Eingriff unterziehen, und der behandelnde Arzt riet mir, zwischen dem Klinikaufenthalt und meiner nächsten Missionsreise etwa sechs Wochen Zeit zu lassen. Das muß ich in einem Telefongespräch erwähnt haben, denn wenig später erzählte mir ein Bruder aus der ARCHE, er habe von einem weit entfernt wohnenden Bekannten erfahren, daß ich für die nächsten sechs Monate dienstunfähig sei! Aus sechs Wochen Missionsreise-Abstinenz wurden so sechs Monate Dienstunfähigkeit!

Gott nimmt Zungensünden sehr ernst. In der Bibel lesen wir: *„Tod und Leben stehen in der Zunge Gewalt"* (Sprüche 18,21; LÜ '84) und: *„Eine linde Zunge ist ein Baum des Lebens; aber eine lügenhafte bringt Herzeleid"* (Sprüche 15,4; LÜ '84). Jakobus widmete dieser Not unter den Menschen fast ein ganzes Kapitel; er schrieb u.a.: *„Die Zunge kann kein Mensch zähmen, das unruhige Übel, voll tödlichen Giftes"* (Jakobus 3,8; LÜ '84). Und Jesus warnte: *„Ich sage euch aber, daß die Menschen Rechenschaft geben müssen am Tage des Gerichts von jedem nichtsnutzigen Wort, das sie geredet haben"* (Matthäus 12,36; LÜ '84). Wenn wir Seinen Worten glauben, sollte sich unser Verhalten sehr verändern. Deshalb flehte schon der Psalmist aus der Tiefe seines Herzens: *„Bestelle, HERR, eine Wache für meinen Mund. Wache über die Tür meiner Lippen"* (Psalm 141,3; LÜ '84).

Viele Christen wünschen sich, daß der Heilige Geist mehr Raum in ihnen gewinnt. Je mehr wir aber im Geist wandeln, desto weniger gibt es üble Nachrede unter uns. Man kann also an der Schwatzhaftigkeit einer Gemeinde gut feststellen, wie geistlich sie wirklich ist. Wenn wir voll Geistes sind und die Liebe Gottes in unseren Herzen stark ist, lieben wir unseren Nächsten wie uns selbst. Und wer von uns möchte schon, daß andere schlecht über ihn reden und sich Verleumdungen und Lügen erzählen? *„Alles nun, was ihr wollt, daß euch die Leute tun sollen, das tut ihnen auch!"* (Matthäus 7,12; LÜ '84), fordert Jesus. Man könnte auch sagen: Sprich positiv über deine Mitmenschen, und wenn jemand etwas Schlechtes über einen anderen erzählt, frage ihn, ob er das dem Betreffenden auch schon selbst gesagt hat. Wenn das nicht der Fall ist, brichst du das Gespräch am besten ab.

Die Bedeutung des Gebotes geht aber noch weiter. Es meint nicht nur, daß wir uns neutral verhalten und nichts Schlechtes über jemanden erzählen sollen, sondern daß wir aktiv sein Ansehen fördern, indem wir Gutes über ihn reden. Nicht falsch Zeugnis zu reden bedeutet also nicht nur, das Negative zu unterlassen, sondern aktiv das Positive zu tun. Liebe ist nämlich immer tätig, sie ist niemals neutral. Und wie wir wissen, kann Schweigen auch Sünde sein.

Sünde beim Namen nennen

Was ist aber, **wenn der Bruder wirklich gesündigt hat?** Soll man in solch einem Fall Sünde zudecken? Das neunte Gebot nimmt den Nächsten ganz gewiß nur gegen **falsches Zeugnis** in Schutz. Es heißt nicht: Du sollst kein Zeugnis über deinen Nächsten abgeben, sondern kein falsches Zeugnis reden, d.h. nicht die Unwahrheit über ihn verbreiten.

Hat man damit einen Freibrief, sich über die tatsächlich begangene Sünde eines anderen auszulassen, wie man will? Jesus gibt uns hierzu einen guten Hinweis: *„Sündigt aber dein Bruder an dir, so geh hin und weise ihn zurecht zwischen dir und ihm allein. Hört er auf dich, so hast du deinen Bruder gewonnen. Hört er nicht auf dich, so nimm noch einen oder zwei zu dir, damit jede Sache durch den Mund von zwei oder drei Zeugen bestätigt werde. Hört er auf die nicht, so sage es der Gemeinde. Hört er auch auf die Gemeinde nicht, so sei er für dich wie ein Heide und ein Zöllner"* (Matthäus 18,15-17; LÜ '84).

Sprich also nicht mit anderen über die Sünde deines Bruders, sondern zuallererst mit ihm selbst. Diesen Weg scheut man oft, weil man es nicht wagt, jemanden persönlich auf seine Verfehlungen anzusprechen und ihn in Liebe, aber deutlich zu ermahnen. Es ist viel leichter, statt dessen hinter seinem Rükken schlecht über ihn zu reden. Beim Friseur las ich einmal folgenden Spruch an der Wand: „Sind Sie zufrieden, sagen Sie es anderen. Sind Sie es nicht, sagen Sie es mir."

Wenn du nicht die Kraft hast, mit deinem Nächsten direkt zu sprechen, dann sprich auch nicht mit anderen über ihn, zumindest nicht im Sinne von Geschwätz und übler Nachrede. Wenn du dich überfordert fühlst, alleine zu deinem Bruder zu gehen, dir seine Sünde aber schwer auf dem Herzen liegt, darfst du dich der Leitung der Gemeinde anvertrauen und mit einem Verantwortlichen die betreffende Person aufsuchen. Der Weg in der Gemeinde ist immer der gerade und ehrliche, der Weg der Wahrheit. *„Das ist's aber, was ihr tun sollt: Rede einer mit dem anderen Wahrheit" (Sacharja 8,16; LÜ '84).*

Unwahrheit und Lüge

Deshalb bezieht das neunte Gebot alles mit ein, was die Unwahrheit und Lüge betrifft. Die Sünde der Lüge ist eine Sünde, die uns wie kaum eine andere dem Teufel ähnlich macht. Viele meinen, daß die Sünden des Fleisches wie Hurerei und Ehebruch dem Teufel besonders ähnlich sind. Sicherlich hat er Freude daran, wenn Menschen in diese Sünden fallen. Aber wir wissen, daß Satan ja gar nicht aus Fleisch und Blut besteht. Deshalb nennt ihn die Bibel nicht „Vater der Hurerei", sondern *„Vater der Lüge" (Johannes 8,44).* Sein Wesen ist Stolz, Bosheit, Falschheit und Täuschung.

Darum sagt der lebendige Gott in Seinem Wort: *„Lügenmäuler sind dem HERRN ein Greuel; die aber treulich handeln, gefallen ihm" (Sprüche 12,22; LÜ '84).* Und das Ende der Lügner ist: *„Die Feigen aber und Ungläubigen und Frevler und Mörder und Unzüchtigen und Zauberer und Götzendiener und alle Lügner, deren Teil wird in dem Pfuhl sein, der mit Feuer und Schwefel brennt; das ist der zweite Tod" (Offenbarung 21,8; LÜ '84).*

Auch der Bericht über Hananias und Saphira ist uns eine große Warnung, denn wir lesen: *„Petrus aber sprach: ,Hana-*

nias, warum hat der Satan dein Herz erfüllt, daß du den Heili-
gen Geist belogen und von dem Kaufpreis des Feldes beiseite
geschafft hast? Blieb es nicht dein, wenn es unverkauft blieb,
und war es nicht, nachdem es verkauft war, in deiner Verfü-
gung? **Warum hast du dir diese Tat in deinem Herzen vorge-**
nommen? *Nicht Menschen hast du belogen, sondern Gott'"*
(Apostelgeschichte 5,3-4). Die beiden hatten ihr Vorhaben also
noch nicht einmal in die Tat umgesetzt und die Lüge noch nicht
in Worte gefaßt, sondern sie nur stumm in ihrem Herzen vorbe-
reitet. Sie wollten also täuschen ohne Worte.

Es gibt auch ein Schmeicheln mit Worten, die man doch
nicht so meint, wie man sie sagt. Das nennt man heucheln.
Auch Lügen, die dem Wortlaut nach Wahrheit zu sein scheinen,
die den anderen aber dennoch täuschen sollen, sind für Gott ein
Greuel.

Kürzlich las ich von einem Wirt, der auf seiner Speisekarte
Wachtelsuppe anbot – „mit Rindfleisch", wie klein darunter
stand. Ein Gast, der die Suppe mit dem kostbaren Fleisch der
kleinen Vögel bestellte, fand, daß die Suppe sehr nach Rind
und wenig nach Wachteln schmeckte. „In welchem Verhältnis
sind denn Wachteln und Rind in der Suppe?", fragte er den
Wirt. „Eins zu eins", war die Antwort. Das konnte der Gast
kaum glauben, und er fragte nochmals nach. Der Wirt antwortete mürrisch: „Ich habe Ihnen doch gesagt: Eins zu eins – auf
eine Wachtel kommt ein Rind!"

Hast du auch schon gesagt: „Wieso, ich habe nicht gelogen,
sondern die Wahrheit gesagt!" Und trotzdem war deine Wahrheit die Unwahrheit, weil du mit wahren Worten dennoch
jemanden getäuscht hast. Belüge dich nicht selbst und rechtfer-
tige deine Worte auch nicht, sondern erkenne, daß ein solches
Verhalten ebenfalls Lüge ist. Der Prophet Jesaja sagt von den
Kindern Gottes: *„Sie sind ja mein Volk, Söhne,* **die nicht falsch**
sind. *Darum ward Er ihr Heiland"* *(Jesaja 63,8; LÜ '84).*

Und auch das Wort des Apostels Paulus in Epheser 4,25 (LÜ '84) kennen wir: *„Darum legt die Lüge ab und redet die Wahrheit, ein jeder mit seinem Nächsten, weil wir untereinander Glieder sind."* Weil wir zu Jesus gehören und Gott uns mit Seinem Heiligen Geist erfüllt hat, sollen wir auch im Geist wandeln und durch die Kraft des Geistes die Werke des Fleisches töten.

Die Triebkraft in unseren Herzen ist also der Heilige Geist und nicht mehr unsere sündige Neigung. Im Johannes-Evangelium heißt es: *„Ihr werdet die Wahrheit erkennen, und die Wahrheit wird euch frei machen"* (Johannes 8,32; LÜ '84). Und in 2. Samuel 7,28: *„Und nun, Herr, HERR, du bist es, der da Gott ist, und deine Worte sind Wahrheit."* Jesus sagt über sich: *„Ich bin der Weg, die Wahrheit und das Leben"* (Johannes 14,6). Christus IST die Wahrheit. Darum entspringt das neunte Gebot: *„Du sollst nicht falsch Zeugnis reden"*, auch dem Wesen Gottes und spiegelt Seinen Charakter wider. Und weil Sein Charakter eben nur Wahrhaftigkeit ist, kann auch Sein Gebot nicht anders lauten. Alles, was zu Ihm gehört und das Siegel Seines Geistes empfangen hat und mit Ihm eins geworden ist, das legt die Lüge ab.

Dabei möchte ich aber nochmals betonen, daß niemand ewiges Leben erlangen kann, indem er alles tut, was das Gesetz verlangt. Theoretisch wäre das zwar möglich, aber die Bibel erklärt uns, daß aus der Kraft des natürlichen Menschen niemand das Gebot Gottes halten kann. *„Da ist kein Gerechter, auch nicht einer"* (Römer 3,10).

Das Gesetz kann nur unser Zuchtmeister bzw. unser Pädagoge sein, der uns unsere Sünde zeigt und uns hinführt zur Gnade Jesu und zur Vergebung Seiner Liebe. Darum wollen wir zu Ihm kommen und Ihn um Verzeihung bitten. Tust du dich auch als Christ noch mit der Wahrheit schwer? Bist du immer noch geneigt, schnell die Unwahrheit über deine Lippen kommen zu lassen? Redest du gern über deinen Nächsten?

Dann bekenne Jesus deine Sünde. Er vergibt dir und wird dir durch die Kraft Seines Geistes helfen, die Lüge abzulegen und die Wahrheit zu reden. In Jesu Namen.

10. Gebot: Du sollst nicht begehren[41]

„Du sollst nicht das Haus deines Nächsten begehren. Du sollst nicht begehren die Frau deines Nächsten, noch seinen Knecht, noch seine Magd, weder sein Rind noch seinen Esel, noch irgend etwas, was deinem Nächsten gehört." (2. Mose 20,17)

Wertschätzung der Frau

Kritiker haben es der Bibel übel genommen, daß das zehnte Gebot das Haus für wichtiger zu nehmen scheint als die Frau, weil es vor ihr genannt wird. Ich aber glaube, daß in der Aufzählung dessen, was man nicht begehren soll, mit dem Begriff „Haus" ein Oberbegriff gemeint ist. Das kennen wir auch aus dem Neuen Testament, z.B.: *„Krispus aber, der Vorsteher der Synagoge, glaubte an den Herrn mit seinem ganzen Haus"* *(Apostelgeschichte 18,8).* Damit war natürlich kein Haus aus Stein oder Holz gemeint, sondern die Familie und das Gesinde. Im zweiten Satz des zehnten Gebotes wird aufgelistet, was unter „Haus" zu verstehen ist: *„Du sollst nicht begehren die Frau deines Nächsten, noch seinen Knecht, noch seine Magd ..."* Hier steht die Frau dann doch an erster Stelle.

Im übrigen hat das zehnte Gebot nach 5. Mose 5,6-21, wo die Zehn Gebote nochmals vorkommen, folgende Aufzählungsweise: *„Und du sollst die Frau deines Nächsten nicht begehren. Und du sollst dich nicht gelüsten lassen nach dem Haus deines Nächsten noch nach seinem Feld, noch nach seinem Knecht, noch nach seiner Magd, noch nach seinem Rind, noch nach seinem Esel, noch nach allem, was dein Nächster hat"* *(5. Mose 5,21).* Es ist also offensichtlich, daß die Frau in der Bibel nicht geringgeschätzt wird, sondern eine hohe Achtung genießt.

---

[41] Predigt vom 28. 02. 1999

Nun aber, worum geht es in diesem Gebot? Ganz pauschal gesagt, es geht nicht um Tatsünden, sondern um Gedankensünden.

Sexuelle Gedankensünden

„Und du sollst die Frau deines Nächsten nicht begehren." Begehren oder Gelüsten ist ein Vorgang der Gedanken und noch nicht der Tat. Das Begehren der eigenen Ehefrau ist nicht verboten – das ist schöpfungsgemäß. Wie die Ehe nicht verboten ist, sondern nur der Ehebruch, so ist auch das Begehren der eigenen Frau nicht verboten, aber das Gelüsten nach der anderen.

Klingt das nicht schon sehr stark nach der Bergpredigt, in der Jesus gesagt hat: *„Jeder, der eine Frau ansieht, sie zu begehren, hat schon Ehebruch mit ihr begangen in seinem Herzen" (Matthäus 5,28)?* Immer wieder wird behauptet, daß Jesus dieses „äußere" Gebot des Alten Testamentes (Du sollst nicht ehebrechen) durch ein „inneres" Gebot ersetzt und verschärft habe. Das stimmt aber nicht. Jesus hat in der Bergpredigt gar nichts Neues gesagt. Er hat nur das Alte Testament bestätigt und in Erinnerung gerufen, daß die Gebote nicht nur Tatsünden, sondern auch Gedankensünden umfassen. Die ersten neun Gebote befassen sich in erster Linie gewiß mit Tatsünden, obwohl sie auch die inneren Motive und gedanklichen Absichten immer mit einschließen, wie wir gesehen haben.

Damit es diesbezüglich aber überhaupt keinen Irrtum gibt, schließt das zehnte Gebot nicht mit einer Tatsünde ab, sondern mit der Sünde des Begehrens und des Gelüstens, was ausschließlich eine verborgene Sünde des Herzens ist. Wenn es heißt: *„Du sollst nicht begehren die Frau deines Nächsten"*, ist das genau dasselbe, was Jesus mit diesen Worten sagt: *„Wer eine Frau ansieht, ihrer zu begehren ..."* Es ist also nicht so, wie manche Christen glauben, daß das Neue Testament besser und stärker wäre als das Alte. Wir sehen, wie Christus das Alte Testament gekannt und es geliebt hat. Es war für Ihn absolut Gottes unfehlbares Wort, das nicht korrigiert oder verbessert werden mußte, sondern daß es nur zu bestätigen galt. In der Bergpredigt beschäftigte sich Jesus nur noch zusätzlich mit den Verdrehungen und Unterschlagungen der Pharisäer, die verschwiegen, daß Sünde auch bereits in Gedanken stattfinden kann.

Daß Ehebruch bereits in der Phantasie anfängt, sagen auch viele andere Stellen im Alten Testament. Wir sehen also, daß das Alte Testament das Verhalten des Herzens für genauso wichtig hält wie das Neue Testament. In Hiob 31,1 lesen wir z.B.: *„Einen Bund habe ich mit meinen Augen geschlossen. Wie hätte ich da auf eine Jungfrau lüstern blicken sollen?"* Oder: *„Denn eine Leuchte ist das Gebot und die Weisung ein Licht, und ein Weg zum Leben sind Ermahnungen der Zucht, dich zu bewahren vor der Frau des Nächsten, vor der glatten Zunge der Fremden. Begehre nicht in deinem Herzen ihre Schönheit, laß sie dich nicht mit ihren Wimpern fangen"* (Sprüche 6,23-25). Auch im Alten Testament galt sexuelles Begehren einer anderen als der eigenen Frau als Diebstahl, als Diebstahl am Nächsten und als Diebstahl der Ehre der Frau. Eine Frau zu Unrecht zu begehren, ist die schlimmste Form von Raub und Diebstahl. Somit greift das zehnte Gebot auch in das achte Gebot: „Du sollst nicht stehlen!" hinein.

Hier noch einige weitere Stellen des Alten Testaments, die von den Sünden der Gedanken sprechen:

*„Sogar **im Herzen übt ihr Ungerechtigkeiten**; der Gewalttat eurer Hände brecht ihr Bahn im Land"* (Psalm 58,3).

*„Und der HERR sah, daß die Bosheit des Menschen auf der Erde groß war und **alles Sinnen der Gedanken seines Herzens nur böse den ganzen Tag**"* (1. Mose 6,5). Die Sintflut kam also nicht nur wegen der Tatsünden, sondern wegen der verdorbenen Gedanken der Menschen.

*„Sechs Dinge sind es, die dem HERRN verhaßt sind, und sieben sind seiner Seele ein Greuel: Stolze Augen, falsche Zunge und Hände, die unschuldiges Blut vergießen, **ein Herz, das heillose Anschläge schmiedet,** Füße, die eilig dem Bösen nachlaufen" (Sprüche 6,16-18).*

*„Ihre Füße laufen zum Bösen und eilen, unschuldiges Blut zu vergießen. **Ihre Gedanken sind Gedanken des Unrechts,** Verwüstung und Zerbruch ist auf ihren Straßen" (Jesaja 59,7).*

*„Wasche dein Herz rein von Bosheit, Jerusalem, damit du gerettet wirst! **Wie lange sollen deine heillosen Pläne in deinem Innern schlummern?"** (Jeremia 4,14).*

Laßt uns endgültig von dem Gedanken Abschied nehmen, daß das Alte Testament nur von Tatsünden und vielleicht noch von Wortsünden spreche, die Zehn Gebote nur äußere Handlungen mit einschließen und erst Jesus in der Bergpredigt tiefer gehe und die Gedanken mit einbeziehe. Nein, die Bibel ist eine Einheit, und das Neue Testament trägt keine andere Botschaft als das Alte. Der Unterschied zwischen dem Alten und Neuen Testament ist lediglich der, daß die Offenbarung des Heils im Neuen Testament völliger entfaltet ist.

Gott ist derselbe – gestern, heute und in Ewigkeit, und es war vor Seinem Angesicht immer eine große Sünde, wenn Menschen mit dem Herzen und den Gedanken Seine Gebote übertreten haben. Das zehnte Gebot spricht nicht von Taten und Worten, sondern von den Regungen unseres Herzens. Und wenn die falsch sind, sind wir ebenso Übertreter des Gesetzes wie diejenigen, die z.B. jemanden totschlagen.

Neid

Es geht auch um Neid im zehnten Gebot. Neid ist zunächst auch keine Tatsünde, sondern eine sündige Haltung des Herzens und die Wurzel allen Begehrens. Wenn jemand das begehrt, was dem anderen gehört, begehrt er es, weil er es dem anderen neidet. Ich möchte haben, was der andere hat. Wer nicht mit der Zuteilung dessen, was Gott ihm in Seiner weisen Vorsehung gegeben hat, zufrieden ist, beginnt Lust auf das zu bekommen, was der andere besitzt, also zu begehren. Aber die Bibel bezeichnet Neid als zugehörig zu den Werken des Fleisches; somit sollte er geistlichen Menschen fremd sein.

„Offenkundig sind aber die Werke des Fleisches, als da sind: Unzucht, Unreinheit, ... Eifersucht, ... Spaltungen, Neid, Saufen, Fressen und dergleichen. Davon habe ich euch vorausgesagt und sage noch einmal voraus: die solches tun, werden das Reich Gottes nicht erben" (Galater 5,19-21; LÜ '84).

„Habt ihr aber bittern Neid und Streit in eurem Herzen, so rühmt euch nicht und lügt nicht der Wahrheit zuwider" (Jakobus 3,14; LÜ '84).

„So legt nun ab alle Bosheit und allen Betrug und Heuchelei und Neid und alle üble Nachrede" (1. Petrus 2,1).

„Wo Neid und Streit ist, da sind Unordnung und lauter böse Dinge" (Jakobus 3,16).

Denn wo Neid ist, da sind lauter böse Dinge. Ich möchte das mit einem Beispiel illustrieren[42]: Ein Mönch wurde auf der Wanderschaft von zwei Männern eingeholt. Der eine war schrecklich habgierig und der andere bitter neidisch, wie der Mönch bald herausfand. Als ihre Wege sich wieder trennten, sagte der Mönch: „Ich möchte Euch noch ein Abschiedsgeschenk machen. Ihr dürft einen Wunsch äußern. Derjenige, der als erstes diesen Wunsch ausspricht, erhält ihn sofort. Der andere braucht nichts mehr wünschen, denn er bekommt automatisch das Doppelte dessen, was der erste gewünscht hat." Wer begann nun, den Wunsch auszusprechen? Der Habgierige oder der Neidische? Keiner. Denn jeder wollte doch das Doppelte des anderen erhalten.

---

[42] Paul Lee Tan. Encyclopedia of 7700 Illustrations: Signs of the Times. Assurance Publishers: Rockville, 1979[1], 1988 (10. Druck). Nr. 915

Nach einer gewissen Zeit sprang der Habgierige dem Neidischen an die Gurgel und sagte: „Ich erwürge Dich, wenn Du jetzt nicht sofort den Wunsch äußerst!" Da der Neidische ihm das Doppelte natürlich nicht gönnte, er aber unter Todesdrohung keine andere Wahl mehr hatte, rief er: „Ich wünsche mir ein blindes Auge!" Sofort wurde dieser Wunsch erfüllt, und gleich darauf hatte der Habgierige zwei blinde Augen. Das hatte ihnen ihr Neid und ihre Habgier eingebracht. Ja, wo Neid ist, da sind lauter böse Dinge.

Leo Tolstoi erzählt folgende Geschichte: Ein Großknecht wurde von seinem gütigen Herrn freigelassen und sollte so viel Land zu eigen haben, wie er von Sonnenaufgang bis Sonnenuntergang umlaufen könnte. Beim ersten Sonnenstrahl machte sich der Knecht auf den Weg und gönnte sich keine Pause. Stück um Stück kam zu dem künftigen Besitz. Die Sonne neigte sich dem Westen zu, und er beflügelte seine Schritte. Diese Wiese, jenes Waldstück, der Acker dort sollte auch noch sein Eigentum sein. Bei Sonnenuntergang kam er am Ausgangspunkt an, ein Glücksgefühl durchzog die Brust: Das alles gehört nun mir! Dann sank er vom Herzschlag getroffen tot zu Boden. Tolstoi schließt die Erzählung: „Wie wenig Erde braucht doch der Mensch. Ein Meter mal zwei oder kleiner kann das Grab noch sein."

Aber wo das zehnte Gebot geliebt wird, ist Frieden und Wohlergehen, denn es lautet: *„Begehre nicht!"* Ein Christ sagte mir, wie er mit Neid- und Eifersuchtsgefühlen umgeht. Er selbst hatte nur eine bescheidene Wohnung, ein verrostetes kleines Auto, ein geringes Einkommen, und gesund war er auch nicht. Er hatte also wirklich Grund, auf besser gestellte Mitchristen neidisch zu sein. Aber wenn solche Anflüge von Neid über ihn kommen wollten, hieß es jedesmal in seinem Herzen: *„Begehre nicht!"* Und dann waren solche Anfechtungen vorüber. Durch Gottes Gnade hatte er sich entschieden: „Begehren kommt für mich nicht in Frage."

Herz und Gedanken reinhalten

Das zehnte Gebot will uns auch sagen: Halte dein Herz und deine Gedanken rein. Das letzte Gebot richtet sich mit allem Ernst gegen die Sünde im inwendigen Leben. Gott erhebt Seinen Herrschaftsanspruch auch über den verborgenen Bereich unserer Wünsche. Er legt unseren tiefsten Gedanken und Phantasien Verpflichtungen auf, wie es kein irdischer Gesetzgeber tun kann. Stell dir vor, ein Gericht würde jemand wegen Neides zu einem Jahr Gefängnis verurteilen, weil er in Gedanken das Grundstück des Nachbarn begehrt hatte. Das kann kein Gericht. Gott aber *„ist ein Richter der Gedanken und Sinne des Herzens" (Hebräer 4,12; LÜ '84)*. Bei Ihm sind Gedanken nicht zollfrei. *„Ein Mensch sieht (nur), was vor Augen ist; der HERR aber sieht das Herz an" (1. Samuel 16,7; LÜ '84)*.

Wie nutzlos ist es also, sich nur mit der äußeren Einhaltung der Gebote Gottes zu begnügen. Christen sollten darum bemüht sein, ihre Herzen vor Gott lauter und rein zu halten. Denn was nützt es, wenn wir nur das Gefäß von außen waschen, aber innen bleibt es voll unsauberer Lüste. Laßt uns doch auch sehr um die Sünden unseres Herzens besorgt sein und beten wie David: *„Wer kann merken, wie oft er fehlet? Verzeihe mir die verborgenen Sünden!" (Psalm 19,13; LÜ '84)*.

Das zehnte Gebot ist eigentlich die Krönung der Gebote. Wenn wir bis dahin noch der Meinung gewesen sein sollten, alle Gebote halten zu können – obwohl das ja unmöglich ist –, müssen wir spätestens bei diesem Gebot kapitulieren und unsere Sünde zugeben. Wer kann dann noch gerecht sein, wenn schon unsere Gedanken auf Gottes Gerichtstisch kommen und wir uns ihretwegen verantworten müssen?

Daß das letzte Gebot das Gebot über die Sünden des Herzens ist, ist nicht von ungefähr, denn alle Wort- und Tatsünden entspringen der inneren Verschmutzung der Seele.

Es gibt keinen Diebstahl, ohne daß das Herz vorher neidisch und böse gewesen ist, und keinen Ehebruch, ohne daß das Herz sich vorher sündiger Lust hingegeben hat. *„Denn aus dem Herzen kommen böse Gedanken, Mord, Ehebruch, Unzucht, Diebstahl, falsches Zeugnis, Lästerung" (Matthäus 15,19; LÜ '84).* Jesus sagt also, daß die Anführer greulicher Tatsünden die Gedankensünden sind, denn die Quelle der Sünde ist immer das menschliche Herz.

Beginne also, die Sünde bereits an der Wurzel zu bekämpfen, nämlich in deinem Herzen, deinen Gedanken, deinen Motiven. Du sagst vielleicht: „Aber ich kann mich doch gegen anfliegende Gedanken nicht wehren." Jemand gebrauchte als Antwort einmal dieses Bild: Du kannst es zwar nicht verhindern, daß dir Gedanken wie Vögel über den Kopf fliegen, aber du kannst verhindern, daß sie auf deinem Haupt Nester bauen und sich einnisten.

Aber wir wollen nicht vergessen, daß kein Mensch in eigener Kraft die Gebote halten kann, und schon gar nicht das zehnte. Darum heißt es auch: *„Denn die Waffen unseres Kampfes sind **nicht fleischlich**, sondern mächtig für Gott zur Zerstörung von Festungen; so zerstören wir Vernünfteleien und jede Höhe, die sich gegen die Erkenntnis Gottes erhebt, und **nehmen jeden Gedanken gefangen** unter den Gehorsam Christi" (2. Korinther 10,4-5).*

Wenn wir diesem letzten Gebot ehrlich ins Auge sehen, muß uns spätestens dann unsere Sündhaftigkeit bewußt werden. Und jeder Gedanke, wir könnten in eigener Kraft die Gebote halten – hier beim zehnten Gebot erkennen wir, wie absurd das ist. Gottes Gesetz ist dazu da, daß wir unsere eigene Hoffnungslosigkeit erkennen, damit wir in Buße und Demut zu Christus kommen und Vergebung durch Sein Blut empfangen. Und dann weist es uns aber auch den Weg, um in der Kraft des Heiligen Geistes ein erfülltes Leben zur Ehre Gottes führen können. Das möge Gott uns schenken.

Buchhinweise

»Katechismus der Zehn Gebote«. arche-medien: Hamburg, 1999. Heft A5 16 S., DM 2,-

Im Vorwort von Pastor Wegert heißt es u.a.:

"Selbst für gestandene Christen ist es gut, wenn man zu bestimmten Themen ein Büchlein hat, in dem man bei eventuellen Fragen, z.B. von den eigenen Kindern, schnell Antwort findet. Aus diesen Gründen haben wir den vorliegenden Katechismus – auch für Sie – zusammengestellt.

»Katechismus« heißt einfach »Unterrichtsbuch« – »Katechismus« wird dabei in der Regel nur im Zusammenhang mit dem christlichen Glauben verwendet. Im vorliegenden »Katechismus der Zehn Gebote« haben wir nun *die* Teile des »Kleinen Katechismus« (von Martin Luther) und des »Heidelberger Katechismus« – der beiden bekanntesten deutschsprachigen Katechismen – zusammengestellt, die sich mit den Zehn Geboten befassen. Wenn vielleicht die Sprache hier und da nicht so zeitgemäß erscheint und man die eine oder andere Stelle vor dem heutigen Hintergrund etwas anders auslegen mag, so finde ich diese beiden Zeugnisse aus der Reformationszeit doch alles in allem sehr gut – und auch für uns aktuell."

Dieses Heft kann nur bei uns direkt (Adresse siehe S. 2) bezogen werden.

Wolfgang Wegert. Fundamente des Glaubens.
arche-medien: Hamburg, 2001². Pb. 96 S., DM 9,80

In diesem Buch geht es um die Grundfragen des Glaubens: Warum ist der Mensch verloren? Wie kann er wieder zu Gott zurückfinden? Was heißt "Wiedergeburt", was verstehen wir unter "Bekehrung"? Aber auch Fragen zum Wirken des Heiligen Geistes, zur Bewahrung der Gläubigen bis hin zum Thema Tod werden in diesem Buch angesprochen. Im Vorwort dieses Buches heißt es u.a.:

"Diese kleine Sammlung von Predigtauszügen und Aufsätzen soll dazu dienen, sich wieder auf die Fundamente unseres christlichen Glaubens zu besinnen. Zurück zu den Wurzeln also.

Deshalb geht es um die Frage, was denn eigentlich Glaube und Bekehrung ist, was Taufe und christliche Gemeinde ist. Was versteht die Bibel unter Gebet und Abendmahl? Natürlich können nicht alle Fragen des Glaubens in einem solchen Büchlein behandelt werden. Es ist ja auch nicht als theologisches Fachbuch gedacht, sondern neben der fundamentalen Information soll es praktische Anleitung geben, wie zum Beispiel der Glaube in Ihrem Herzen beginnen kann, wie er vertieft wird und aus welcher Kraft er ein Leben lang bleiben wird."

"Fundamente des Glaubens" ist ein erfrischend geschriebenes Buch für jeden, der sich solide über die wichtigsten Themen des christlichen Glaubens informieren möchte. Dabei wird jeder Leser neu herausgefordert, die Frage nach seiner persönlichen Beziehung zu Gott zu beantworten und gegebenenfalls zu ändern.

Dieses Buch kann direkt bei uns (Adresse siehe S. 2) oder über den örtlichen Buchhandel bezogen werden.

Thomas Schirrmacher. Ethik. 3 Bände. RVB: Hamburg und VTR: Nürnberg. 2001². Pb. ca. 2650 S., DM 128,-

Wie gestalten wir unser Leben als Christen, nach welchen Maßstäben leben wir, um Gottes Willen in unserem Leben Wirklichkeit werden zu lassen? Dies ist die Grundfrage biblischer Ethik.

Nach einigen einleitenden Themen unter dem Stichwort „Gott und seine Ethik" geht es dann ausführlich um die Bedeutung des Gesetzes Gottes für die biblische Ethik. Nicht zuletzt wird auf die zentrale Bedeutung der Zehn Gebote hingewiesen. Aber es kommen auch viele kontroverse Themen zur Sprache, z.B.: die Bedeutung von Tradition, Kultur, Verstand, Erfahrung, aber auch Leitung durch den Heiligen Geist für die Ethik; Pflichtenkollision; Sabbat oder Sonntag; Schwören; Bedeutung des Zeremonialgesetzes; Jakobus contra Paulus usw. Im letzten großen Teil geht es dann um viele praktische Fragen aus den großen vier Bereichen, die Gott geordnet hat: Familie, Kirche/Gemeinde, Wirtschaft, Staat.

So gibt es kaum eine Frage, die aus biblischer Sicht wichtig und/oder aktuell diskutiert wird, mit der sich diese dreibändigen Ethik nicht ausführlich auseinandersetzt oder die sie nicht wenigstens ansprechen würde. Dabei zeichnet sich diese Arbeit besonders dadurch aus, daß der Autor in allererster Linie unmittelbar biblisch argumentiert, dabei aber nicht auf die Auslegung vieler bedeutender Theologen verzichtet.

Die gesamte Thematik ist in insgesamt sechsundsechzig in sich abgeschlossenen Lektionen unterteilt. Zudem wurde großer Wert darauf gelegt, daß die Bücher auch für den interessierten Laien gut verständlich sind.

Titus Vogt, Studienleiter des Studienzentrums ARCHE

Diese Bücher können direkt bei uns (Adresse siehe S. 2) oder über den örtlichen Buchhandel bezogen werden.